古代をみる眼

考古学が語る日本文化の深層

辰巳和弘 著

新泉社

序　〝ビスポール〟の造形心意

ニューギニア島の西南部（インドネシア）に住むアスマットの人びとは、かつて死者がでると「ビスポール」と呼ぶ長大な木彫りの柱を村落の儀礼小屋イユウの前に立て、そこで〝霊魂送り〟の儀式をおこなったという。

二〇一四年の春、東京でそのポールを見る機会がありました。国立新美術館で開催された国立民族学博物館コレクション「イメージの力　The Power of Images」展でのこと。「人類の生み出す造形（イメージ）の多様性と共通性の認識」を問う大胆で意欲的な特別展でした。

その広大な展示場の一隅、わたしは思わず立ちつくしました。高さ六メートル、直径三〇センチを超える五本の「ビスポール」が並び立つ光景に圧倒されたのです。下位の人物の頭上に足を乗せたり、肩車をしたりして重なりあい、絡みあうように重層する人物群像が一本の巨木から丸彫りされて屹立《きつりつ》していました。死者にいちばん近くて大切な故人を最上段に立たせ、下に身近な祖先たちの群像を重層させたその造形は、さながら目に見える系譜といえそうです。重層人物群像の正面には、彼らに援《たす》けられ高みによじ登ろうと、両足を踏ん張って、さらに上位の人物に抱きつく像が。その人物こそ他界へ向かおうとする死者であり、絡みあう人物像はそれを手助けする祖霊の姿だと、わたしは理解しました。

やがて「ビスポール」を見るわたしの目は、重層人物群像の下、柱の根元にくぎづけに。なんと、そこには舳先を天空に向けた丸彫りの丸木舟が造形されているではありませんか。上述の重層する群像はその舳先から立ち上がるように造形されているのです。かねて考古資料の分析から、死者の霊魂が舟に乗り他界へ誘われるという「舟葬」の観念を追究してきたわたしは、アスマットの人びともまた同じ他界観を基層にもつことを確信しました。舟に乗る死者の姿を表出したポールも。なかには人間の首や四肢を船底に陽刻したポールもあって、近年までアスマットの人びとがもっていた首狩りの習俗を彷彿させます。垂直方向に造形された舟。それはビスポールがはるかな「高み」に観念される他界へ死者を送り出す葬送の柱であることを物語っています。

舟葬観念に裏打ちされた考古資料が世界各地にあることはよく知られています。古代エジプトの「太陽の船」（クフ王の葬送船）をはじめ、棺を載せた船形ミニチュアの副葬品や、「死者の書」に記述された呪文や絵画。また長江の上・中流域で発掘される戦国時代〜前漢時代の船形棺。そして北欧のヴァイキングが遺した数々の船と船形をした葬送資料群など、時間《とき》と空間を超えて指摘されます。わが国でも、弥生時代中期〜古墳時代後期に木棺や埴輪絵画・形象埴輪・屍床《ししょう》・墓室壁画など、葬送にかかわるさまざまな場に船形の表象がみられ、それらが往時の他界観に由来する造形であることは『他界へ翔る船——「黄泉の国」の考古学』（新泉社、二〇一一年）で詳述したところです。

時間《とき》と空間を超えて現れる舟葬観念。それは人類が普遍的に抱く、「我々は何処から来て、何処へ往くのか」という永遠の命題の反映と理解されます。アスマットの人びとの喪葬《そうそう》習俗もまたその文脈で理解されるべきでしょう。

解説によると、展示されたビスポールは、一九八〇年ころに収集されたごく近年の造形だといいます。本来、アスマットの先人たちが葬送の儀式に臨んで製作したポールは、イユウ前の露天にさらされ、儀式の後には密林中に遺棄されました。熱帯雨林の環境のなか、それは急速に腐朽し土となって、やがては次のポールとなる巨樹を養うわけで、そこに命の循環をみてとることができます。

儀式のあいだイユウの前に立てられたビスポールは此界から他界への通路、また〝境界領域〟の造形と理解することができます。それは推古二十八年十月、氏《うじ》ごとに命じて檜隈陵（欽明陵）の周囲に大柱を立てさせたという『日本書紀』のくだりを想起させ、また平原《ひらばる》一号墓（弥生終末、福岡県糸島市）に近接して立てられた大柱の古代心意を考えさせずにはおきません。此界とつながる他界の存在。それは古代を研究するわたしの脳裏にいつも去来するテーマです。

小書は古墳、水辺、坂（峠）、巨樹、山嶺など、列島の先人たちが他界との接点、あるいは境界領域をいかに捉え、いかに働きかけたかを思考する試みです。古代的心意の探究におつきあいください。

目次

カバーデザイン　堀渕伸治◎tee graphics

古代をみる眼——考古学が語る日本文化の深層

LECTURE 1

祭祀遺跡はなぜそこにあるのか？

神の座

磐座発見

いささか私的な話から始めることをお許しください。わたしの学生時代、とくに大学院に入った年は、いわゆる東大紛争のあった年でした。全国の大学が大変な時代でした。大学院には在籍したけれど、そこは勉強や調査・研究をするところではなくなっていました。わたしは、もっぱら奈良県立橿原考古学研究所の発掘調査に参加するなかで、考古学や古代史を学ぶ日々を送っていました。そのようなとき、ちょうど修士課程の一年目でしたが、静岡県から浜松市の伊場《いば》遺跡という弥生の環濠集落や律令期の官《かん》衙《が》遺跡の発掘調査の要員に来ないかという話があって、四月から静岡県教育委員会に採用となり、学生と公務員の二足の草鞋《わらじ》をはきながら修士課程を修了しました。

それから四年がたち、採用が高校教員の待遇だったものですから、二十九歳のときに学校教育の現場に立つことになりました。焼津中央高校です。職員室には、現在は民俗学者として著名な野本寛一先生がいらっしゃいました。当時の野本先生は自己の民俗学の確立にむけて、民俗踏査に実にエネルギッシュに活動をされていました。わたしはそうした野本先生のお姿を拝見して、自分の学問をどのように築いていこうか模索する新米教師だったのです。

考古学を学問としていたわたしの眼には、当時の考古学界が、いわゆる遺跡から検出される遺構や遺物という「モノ」自体の研究に主眼がおかれ、その背後にある人の営為と考え、まさに「心」＝思想というものを深く追究する姿勢がみられないように映りました。そのことが不満で、いかにして「モノ」から古代の人びとの思想を解明できるかということに頭をめぐらす日々が始まりました。

三十代なかば、静岡県の西部に位置する引佐《いなさ》郡引佐町（現・浜松市）を調査・研究のフィールドとする機会に恵まれたわたしは、一九八八年に天白磐座《てんぱくいわくら》遺跡（図1）を発見しました。わたしが発見したと言うと、いつも当時の学生たちに「違うぞ、みつけたのは、わたしたちだ」と怒られます。

浜松市北区引佐町井伊谷《いいのや》の式内社渭伊《いい》神社（八幡宮）の背後に大きな岩の露頭群があります。わたしは、こういうのを磐座というのだと説明するために遺跡分布調査の一環として学生たちをそこへ連れて行き、巨石群のかたわらで解説を始めようとしたところ、何人かの学生がじっと下を向いたままではありませんか。彼らはそこに古墳時代の手づくね土器（図2）が幾つもほぼ完形で転がっているのをみつ

図1 天白磐座遺跡（静岡県浜松市）

けたのです。

並ぶ二つの巨岩に挟まれた狭い空間からも学生たちが、「先生、こっちにも落ちています！」と、わたしを呼びます。そこには経典を埋納するために利用された渥美産の経筒外容器の破片がたくさん落ちていたのです。あっという間に、大きなかけらを三十数点も拾いました。

「うそだろう……」

びっくり仰天したというわけです。さっそく引佐町の教育委員会と相談し、字名《あざ》を採って天白磐座遺跡と名づけました。

祭祀遺跡として名高い玄界灘の真っただ中の沖ノ島とは違い、集落に隣接する、誰でもすぐに立つことができる場所で、なぜいままで発見されなかったのか不思議な思いでした。そんな遺跡の発見は、今どき考えられません。この遺跡に遭遇できたことが、わたしの研究の方向を決定づけたといえます。

祭祀の場

「祭祀とは、己《おのれ》や己が所属する集団の意志や力のみでは達成が困難と思われる事態を克服し解決するため、『人知を超越した霊威をもつ隠れたモノ』＝『神』の存在を信じ、その霊威に働きかける行為をいう。それは『神の領域（存在）』を認知することである。『神の領域』と『人の領域』の接点に神が顕現し、霊威の発動があるという認識のもとで、マツリゴト（祭事・政治）にかかわるさまざまな考古資料は、はじめて意味をもつ」

祭祀と祭祀遺跡に関するわたしの認識です。

図2 天白磐座遺跡出土の手づくね土器と鉄矛

「遺跡」は、英語でsiteです。それは、場や位置という意味をあわせもちます。単なる食や住という、日常の生業《なりわい》のうえに営まれたとは考えられない遺跡を理解するうえで、その場のもつ意味を見極めることがなにより大切です。天白磐座遺跡の発掘と報告書作成という仕事は、わたしにそうしたことを気づかせてくれました。

本書では、古代のマツリゴト（祭事・政事）にかかわるとみられる遺跡が存在する「場」の意味、なぜそこにあるのか、なぜそこなのかを考える、わたしの日ごろの営みの一端を紹介していきたいと思います。

天白磐座遺跡の「場」

天白磐座遺跡の磐座は、薬師山とよばれる比高三〇メートルばかりの神奈備《かんなび》型をした小丘陵のいただきにある巨岩の露頭を中心とする小規模な範囲にあります（図3）。薬師山の麓には、井伊谷とよばれる小盆地に開かれた水田の過半に水を配る神宮寺川の堰（八幡堰《はちまんせぎ》）が築かれています。そこが水分《みくま》りの地にあたる点を見落としてはなりません。丘陵のいただきにある磐座には土砂が流れ込むこともなく、ほとんど堆積土が形成されなかったことが遺跡の発見を容易にしてくれました。なかには苔がはえた状態の手づくね土器すらありました。磐座発見の翌年、一九八九年夏の発掘では、巨岩の直下から多量の手づくね土器に混じって、刀・鉾《ほこ》・鉇《やりがんな》・鏃《やじり》といった鉄製武器や工具、またわずか一点ですが滑石製の勾《まが》玉《たま》も出土しました。さらに周辺の広い範囲に平安時代前期ころまでの須恵器や陶質土器が採集でき、古墳時代前期後葉以来、長期にわたって祭祀がおこなわれたことがわかります。

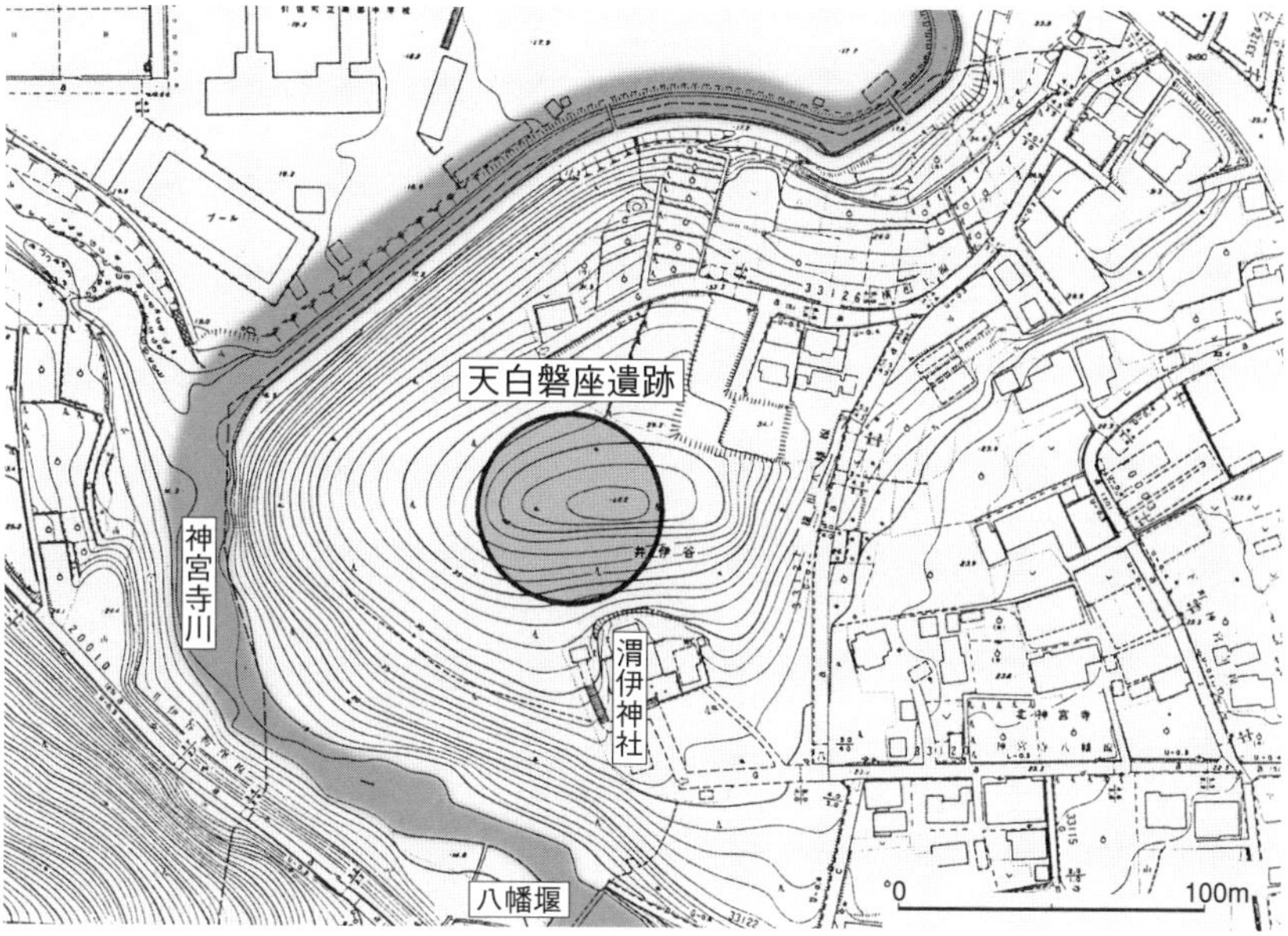

図３ 天白磐座遺跡（静岡県浜松市）

さらに、二つの巨岩の間からは多数の渥美製経筒外容器の破片が出土し、六個体以上が埋納されていたものと考えられます。巨岩の周囲の石のすべてをチェーンブロックで引き上げて調査しましたが、残念ながら経塚の遺構はすべて破壊され、確認することはできませんでした。容器のなかには、秋草文を刻んだ優品もあり、塚に納められていたであろう小さな和鏡も採集できました。外容器は、十二世紀後葉の年号を刻んだ類品が三重県朝熊《あさま》山《やま》や沼津市三明寺《さんみょうじ》などの経塚から出土しているのが参考になります。

経塚の代表的遺跡として奈良県吉野の金峯《きんぷ》山《せん》経塚があげられます。寛弘四年（一〇〇七）、藤原道長がここに納めた経筒は有名です。さらに和歌山県高野山奥の院にある弘法大師御廟の瑞籬《みずがき》内、また京都伏見の稲荷山のいただきにも経塚は営まれています。このように、神社仏閣の境内の霊地とされた場所、それから神奈備山のいただきなど、そういう聖地・霊地と考えられた場に経塚は営まれます。

天白磐座でも、そこが古墳時代から平安時代前期まで磐座祭祀がおこなわれていた聖地であるという認識が人びとの念頭にあったからこそ、経塚が営まれたと考えれらます。

天白磐座遺跡には東名高速道路の三ヶ日インターから約一時間でたどり着けます。すばらしい景観をぜひご覧ください。わたしは今でも車で静岡に出かける際には、いつも磐座を訪ね、その風景のなかに身を置くことにしています。そこは風の通り道。発掘の際にはいつも風の動きを感じ、そこが神の顕現する場であることを体感しました。おそらく古代井伊谷の人びとも同じだったでしょう。浜名湖の湖北一円にはいたるところに巨岩の露頭があります。発掘調査の折々に、多くの巨岩を確かめましたが、ひとつとして古墳時代にさかのぼる遺跡を見いだすことはできませんでした。

水分《みくま》りの地点にある薬師山頂の巨岩群（天白磐座）にしか神の座はなかったのです。

王権祭儀の「場」

高殿と神牀

一方、首長の居館（王宮と言い換えてもよいでしょう）内での神マツリの場として、『古事記』にみえる「神牀《かんどこ》」という施設が注目されます。そこは神が来臨する聖処であり、王権祭儀の中核となる場と考えられます。

「王権祭儀」とは、より政治性の高い祭りのことです。記紀によればヤマト王権の大王たちは、政治的難局に遭遇し、その対応に迷った際、しばしば夢に神の託宣を請い、神託によって物事を執行してゆくことが語られています。

『古事記』崇神天皇段には、大神《おおみわ》神社の創祀にかかわるくだりに大物主大神が天皇の夢にあらわれて、「意富多多泥古《おおたたねこ》という人をもちて、我を祭らせれば、国家は安らぐであろう」と告げる話があります。

> 此の天皇《すめらみこと》の御世に、疫病《えやみ》多《さは》に起りて、人民《たみ》死にて尽きむと為《し》き。爾《ここ》に天皇愁ひ歎きたまひて、神牀《かむどこ》に坐《ま》しし夜、大物主《おおものぬし》大神、御夢《みいめ》に顕《あらは》れて曰《の》りたまひしく、「是《こ》は我が御心ぞ。故《かれ》、意富多多泥古《おほたたねこ》を以ちて、我が御前を祭らしめたまはば、神の気《け》起らず、国安らかに平ぎなむ。」とのりたまひき。
>
> （『古事記』崇神天皇段）

夢を見るためには寝なければなりません。『古事記』はその設《しつら》えを「神牀」と表記しています。日ごろの牀ではなく、夢に神が来臨する聖なるベッドの意であることは確かでしょう。まさにそこが、先ほどお話しした「神の領域」と「人の領域」の接点にあたる場と理解されます。

この「神牀」という名称は『古事記』にしかみえません。しかし『日本書紀』の崇神七年条にもほぼ同じ場面があります。

天皇、乃ち沐浴斎戒《ゆかはあみものいみ》して、殿《みあらか》の内を潔浄《きよまは》りて、祈《の》みて曰《まう》さく、「……ねがはくは亦夢《またいめ》の裏《うち》に教へて、神恩《かみのみうつくしび》を畢《つく》したまへ」とまうす。是《こ》の夜の夢《みゆめ》に、一《ひとり》の貴人《むち》あり。殿戸《みあらかのほとり》に対《むか》ひ立ちて、自《みづか》ら大物主神《おおものぬしのかみ》と称《なの》りて曰《のたま》はく……

（『日本書紀』崇神天皇七年二月）

夢のお告げを請うにあたり、天皇は沐浴斎戒《もくよくさいかい》して、殿の内を清浄な空間としたうえで夢を請い、夢中に現れた大物主神が『古事記』と同様の託宣をします。そこに「神牀」という名は見えません。しかし清浄な殿中に、沐浴斎戒した天皇が神託を得るために寝る聖なる設えの存在がうかがえます。やはり「神牀」があったとみるべきでしょう。

『古事記』にはもう一箇所、安康天皇段に「神牀」が見えます。そこでは天皇が「神牀」に昼寝されたときに、その殿（高殿）の下で目弱《まよわ》王が遊ぶという場面設定がされています。

此より以後《のち》、天皇神牀《かむどこ》に坐《ま》して昼寝したまひき。（中略）是に其の大后の先の子、目弱王《まよわのみこ》（中略）其の時に当りて、其の殿《との》の下に遊べり。

（『古事記』安康天皇段）

どうやら「神牀」のある殿は高床建物だったことがうかがえます。より「神の領域」に近く「神牀」を設けたものと考えられ、島根県の出雲大社がかつて十六丈の高さの高層神殿だったという伝承はよく知られますが、神社建築が高床（高殿）であることにもつながると思われます。

美園古墳の家形埴輪

実は、考古資料のなかに「神牀」を造形した遺物があります。大阪府八尾市にあった美園《みその》古墳（方墳）出土の家形埴輪です（図4）。高床建物を形象した、古墳時代中期初頭のものです。高床の屋内に、床より一段高くなった部分があり、その上面には網代《あじろ》状の表現が線刻でなされています。残念ながら半分近くは欠損していますが、明らかにベッドであることがわかります。

高床部の床の中央には四角い穴があけられています。この埴輪には床下部にも高床部にも、四方に開口部が十分とられていますから、埴輪を焼成する際の火回りを考えた造作ではありません。おそらく床を突き上げるようにハシゴを架け、高床屋内に参入する入り口を表現したのでしょう。宮内庁が所蔵する上石津《かみいしづ》ミサンザイ古墳（履中陵古墳）で採集されたハシゴを造形する埴輪の存在は、高床の家形埴輪に付設されたものと考えてよいでしょう。わたしは美園古墳の家形埴輪には、木製のハシゴが架けられていたとみなしてよいと思います。柔軟な解釈をしなければ古代は見えてきません。さらにこの家形埴輪の高床内壁が赤く塗られている点も注視しなければなりません。

さて、この美園古墳の周囲には濠がめぐらされ、墳丘上には方形の縁端に沿うように壺形埴輪が隙間なく立ち並び、その内側の限られた空間に高床の家形埴輪が置かれていたと復元されます。周濠の外から古墳をながめても、墳丘上の真ん中に置かれた家形埴輪はその入母屋屋根の大棟部分が見える程度です（図34）。壺形埴輪列のわずかな隙間から家形埴輪をのぞき見ることはできますが、高床の屋内にあるベッドや内壁が赤く塗られていることなど、とても目にすることはできません。現在の感覚であれば、見えないのなら網代文様を刻んだベッドを造形する必要などないではないか、どうしてそのような無駄

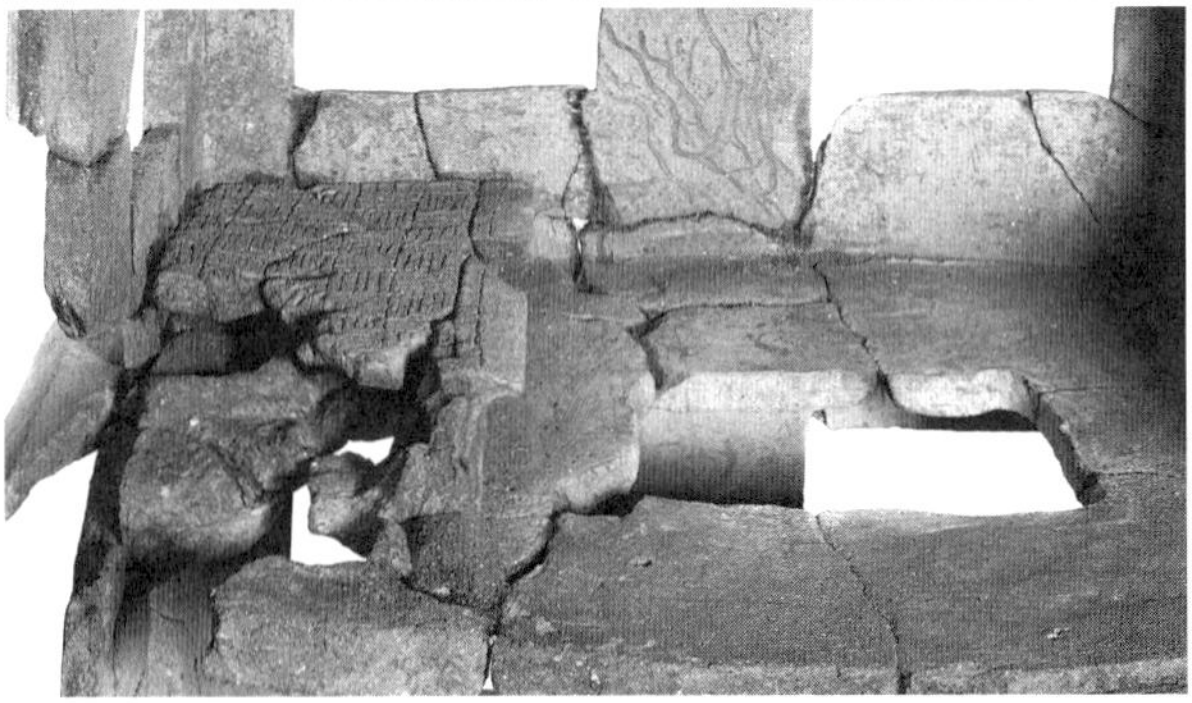

◀高床部の屋内に造形された「神牀」

図４ 高殿を形象した家形埴輪（大阪府八尾市、美園古墳）

な造作をするのか、と思われるでしょう。

しかし、この家形埴輪はそうあるべきなのです。赤く塗られた屋内にはベッドがなければならないのです。赤く彩色されるのは、そこが聖化された清浄な空間であることを物語っているのです。現世の人間に見せるための造作ではなく、古墳の被葬者のためのものと考えるほかありません。

被葬者のための建物がそこにあるのです。そういうことを見通さなければ、この遺物は生きてきません。考古学の報告書では、「古墳を発掘しました」、「埴輪が出土しました」、「その出土状況や形状はこうです」と書かれますが、そこから先がありません。なぜそこに、そのような形状の遺構や遺物が存在したのかということです。それを読み込まなければ考古学は歴史学のなかでいつまでたっても主体的な発言ができないでしょう。

恐きや神の御坂

大和への入り口

視点を少し変えてみましょう。奈良盆地を約二・一キロ間隔で南北に縦断する三本の直線道、上ツ道・中ツ道・下ツ道があることはご存じでしょう。これらの古道は『日本書紀』が詳述する壬申《じんしん》の乱にも登場することから、七世紀の前半には建設されていたと想像されます。また、この南北の直線道と交わる東西の道路が二本あります。南の古道は横大路とよばれ、東は伊勢へ、西は河内につながる幹線道で、推古朝には整備されていたようです。その横大路を東へ、初瀬川沿いをさかのぼった最上流部にある墨坂《すみさか》という峠は、ヤマト王権の中枢である磯城《しき》と宇陀《うだ》との境にあたります。一方、横大路を西にたどると、当麻《たいま》で二上山の北と南を越える二本の道に分岐します。北麓を河内に越える坂が大坂。南を越える道は當藝麻道《たぎまみち》とよばれ、現在は竹内越えといわれています。

墨坂と大坂、この二つの坂は王権中枢があった奈良盆地南部に至る東西の入り口、すなわち「戸」にあたると認識され、そこを守る祭儀をうかがわせる記述が記紀にみえます。ここでは『日本書紀』のくだりを引いておきます。

九年の春三月《やよひ》の甲子《きのえね》の朔戊寅《ついたちつちのえとらのひ》に、天皇の夢《みゆめ》に神人《かみ》有《ま》して、誨《をし》へて曰《のたま》はく、「赤盾《あかたて》八枚《やつ》・赤矛《あかほこ》八竿《やさを》を以《も》て、墨坂神《すみさかのかみ》を祠《まつ》れ。亦《また》黒盾《くろたて》八枚《やつ》・黒矛《くろほこ》八竿《やさを》を以て、大坂神《おほさかのかみ》を祠れ」とのたまふ。
四月《うづき》の甲午《きのえうま》朔己酉《つちのとのとりのひ》に、夢《みゆめ》の教《をしへこと》の依《まにま》に、墨坂神・大坂神を祭りたまふ。（『日本書紀』崇神天皇九年）

墨坂神を赤色の楯と矛をもって祭り、また大坂神を黒色の楯と矛をもって祭ることで、さまざまな邪霊の侵入から大和の国中《くんなか》を守ろうとしたわけです。邪霊を圧服させる祭儀とみることができます。ここで天皇は夢に神託を授かります。そこに神牀の存在が暗示されているではありませんか。

坂の神祭り

群馬県高崎市八幡原町出土と伝えられる「狩猟文鏡」とよばれる銅鏡があります（図5）。外区には

図5 狩猟文鏡（伝、群馬県高崎市出土）

一方の手に楯を持ち、もうひとつの手に矛や刀などの武器を振りかざした人物が九人も表現されます。同じ姿の人物は内区にも二人みえます。しかし、これらの図像を狩猟の場面と考えるのはむずかしく、その情景に崇神紀の坂の神祭りの記事が思い起こされます。

また、埼玉県熊谷市の権現坂埴輪製作遺跡から発掘された盾持人《たてもちびと》埴輪には、正面に盾が、そして盾の上に戈《か》または戟《げき》とよばれる武器が造形されています。それは狩猟文鏡にみる、くだんの人物像を想起させます。盾持人埴輪を古墳に立てる場合、正面が古墳の外に向くように立てられます。すなわち外部から被葬者の眠る他界空間へ邪霊が侵入するのを防ぐという心意がありありと見てとれる事例が多い遺物です。此界と他界を境する場（坂）に立つ埴輪といえます。まさに坂を守るという点で、記紀にみえる墨坂や大坂での祭儀につながる心意をみてとらなければなりません。

さらに、奈良県田原本町の弥生時代中期後葉（紀元前一世紀頃）の清水風《しみずかぜ》遺跡から出土した土器に描かれた線刻絵画をあげなければなりません（図6）。この遺跡は唐古《からこ》・鍵《かぎ》遺跡という巨大な環濠集落の分村と考えられ、両遺跡から出土する土器絵画は、全国から出土する弥生時代の絵画資料の半数を超えています。その土器絵画の一つには大小二人の人物が、一方の手に盾を持ち、反対の手に戈をかざす姿が描かれています。その姿は武器の種類こそ違いますが先の狩猟文鏡の人物像によく似ています。二人は戦闘をしているようには見えません。武器を持って祭儀をおこなう武舞《ぶぶ》の情景ではないでしょうか。そこに記紀が伝える墨坂神や大坂神の祭りに通じる情景が彷彿されます。二人の横には高床建物が描かれています。当時の住まいは竪穴建物が一般的なのですが、土器絵画に描かれる建物のほぼすべてが高床建物です。ということは、この建物は住まいではなく、祭儀をおこなう人物とともに描かれる点からも、

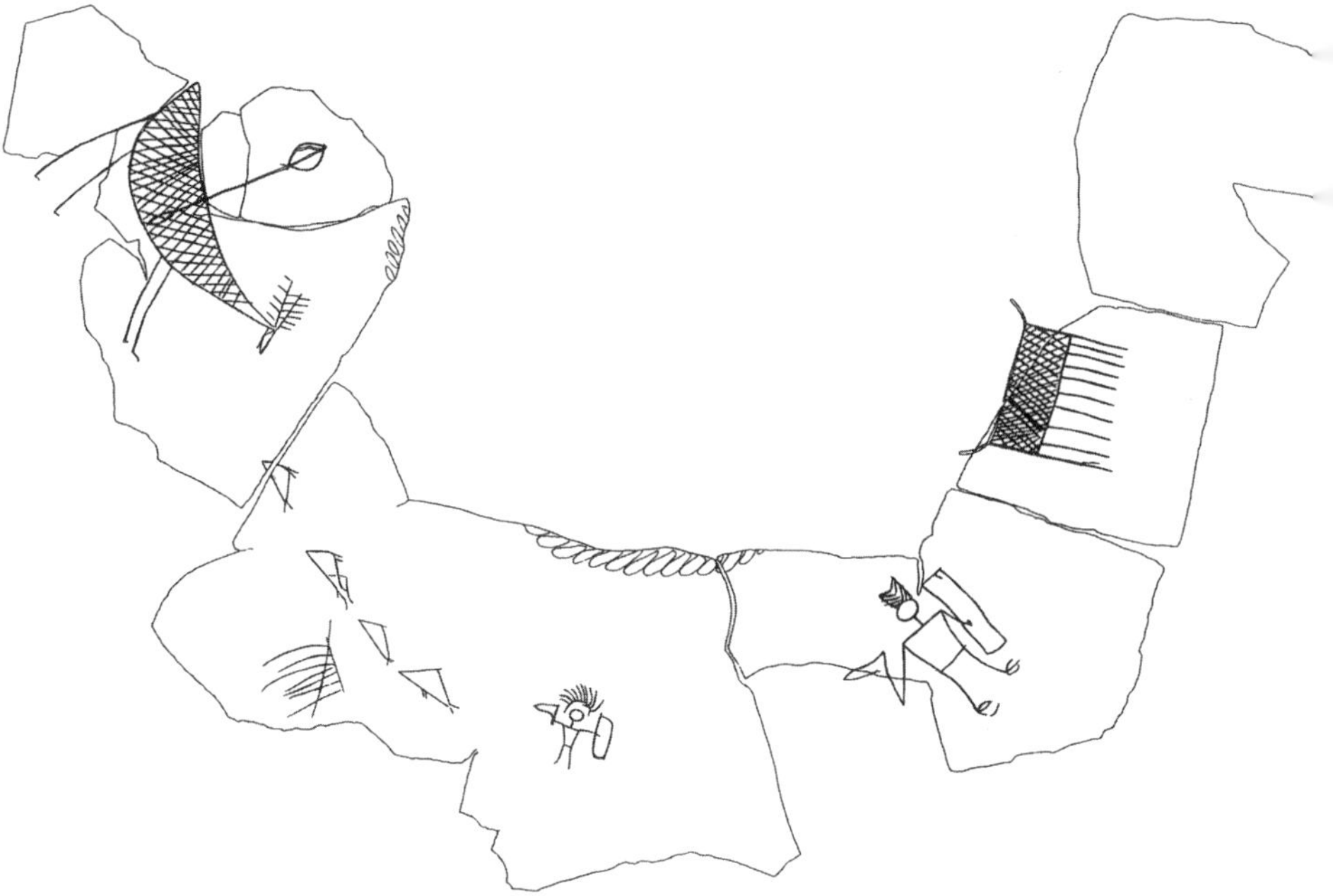

図6 清水風遺跡出土の土器絵画

高殿にあたる祭儀用建物であったとみなせます。この絵画は日常の場面を描いたものではないのです。

さらに絵のなかでひときわ大きく描かれる矢負いの牡鹿は、重要な意味をもつモチーフです。鹿の胴体に、鏃《やじり》まで描かれているのを確認してください。ただの狩猟で狩られた鹿ではないでしょう。おそらく盾と戈を持つ人物の祭儀に際して生贄となった鹿をあらわしていると考えられます。ここに描かれる大小二人の人物についてさらにいえば、さまざまな疫病や鳥獣の災禍から人びとを守り、国をつくり堅めたと記紀が書く、大己貴命《おおなむちのみこと》（大国主神）と少彦名命《すくなびこなのみこと》の神話につながる弥生神話の世界をそこにみいだすことができるとわたしは考えています。

大和的世界と周縁世界

記紀にみえるヤマト王権が、さまざまの段階で「境界」と観念した地点を一枚の地図に落としてみました(図7)。大化改新の詔で畿内との境界（四至）とされた名墾横河《なばりのよこかわ》・紀伊兄山《きのせのやま》・赤石櫛淵《あかしのくしふち》・近江狭狭波合坂山《おうみのささなみのおうさかやま》をはじめ、アヅマとの境をわける足柄坂《あしがらのさか》や碓日坂《うすひのさか》、さらには美濃国の式内社比奈守《ひなもり》神社、駿河国富士郡の姫名《ひな》郷、さらに越後国頸城《くびき》郡の夷守《ひなもり》郷など、王権にとってのさまざまな意味での夷《ひな》と観念される世界へ向かう境と認識された場所と理解すべきでしょう。

ヤマトタケルの東征物語のなかに『古事記』では足柄坂において、『日本書紀』では信濃坂で、坂や山の神が白鹿となってあらわれるのも、そこが「神の領域」と「人の領域」の接点であるとともに、「こちらの世界（大和的世界）」とその「周縁世界」の境界域という観念が読みとれます。『万葉集』では、信濃坂は「ちはやぶる神の御坂」、また足柄坂も「恐《かしこ》きや神の御坂」と歌われます。坂がもつ異界性をよく言いあらわしています。

奈良盆地を東西に走り、横大路《よこおおじ》の北にあるもう一本の古道（竜田道）にあって、大和国と河内国の境を「懼坂《かしこのさか》」とよぶのも、坂の神を畏《かしこ》む心に由来することは明らかです。後に触れますが、信濃坂は現在も神坂《みさか》峠とよばれています。『日本書紀』斉明天皇六年条にはこの神坂を「巨坂《おおさか》」とよんでいたとみえます。「大いなる御坂」の意味でしょう。

神の御坂

最後に視点を大和から地方に転換してみましょう。近江国の主な古道の国境にある坂地名にも同様の

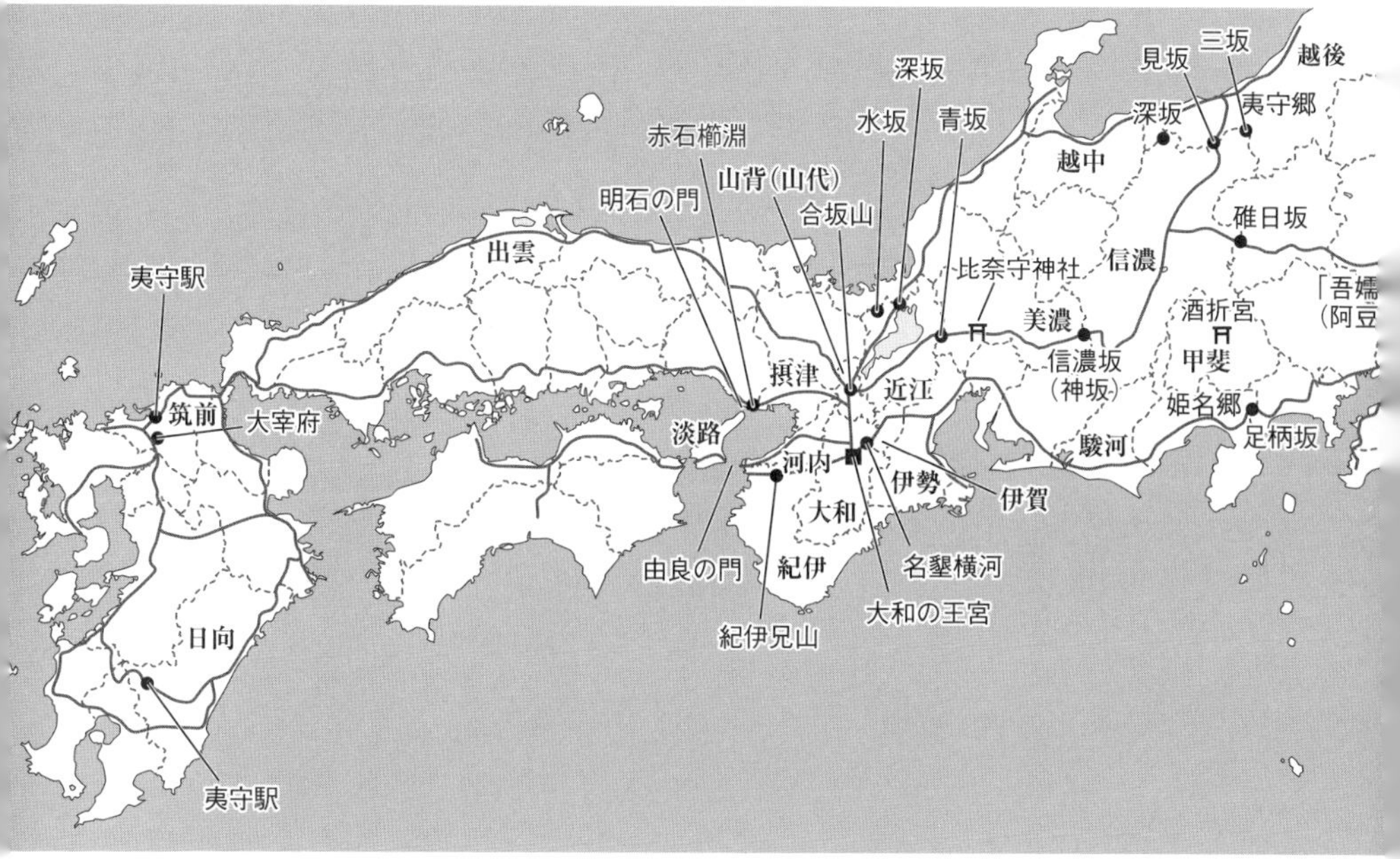

図7 古代王権の「境界」観念

古代的な心意がうかがえます。まず京都市山科区と接する大津市逢坂《おうさか》にある逢坂山は先にみた大化改新の詔にみえる、近江狭狭波合坂山にあたります。また東山道を美濃に越えたところにある青坂は、そこに鎮座する青坂《せいばん》神社の社名にオオサカという坂地名の存在が推定されます。さらに、琵琶湖の舟運を利用して、湖北の塩津山を越前に越える深坂《ふかさか》峠にも、ミサカという呼称の存在がうかがえます。現在、深坂峠の下をJRの北陸トンネルが開通しています。また、琵琶湖の西岸を北行する北陸道を高島から分岐して、若狭国に越える山嶺の鞍部にも、水坂《みさか》峠というミサカの呼称がみられます。

信濃国にもミサカがあります。まず、先に触れた美濃との国境の神坂峠です。現在は中央自動車道の恵那山《えなさん》トンネルで峠の下を簡単に通過することができますが、古代

には海抜一五六〇メートルの山稜の鞍部を越える難路でした。今は岐阜県側から車で登ることができます。ぜひ神の御坂の景観を体感してください。そこには神坂峠祭祀遺跡があり、滑石《かっせき》で製作された勾玉・鏡形・剣形・刀子《とうす》形・馬形などの形代が、古墳時代中期後葉から後期前葉の土師器とともに出土し、当時の峠神信仰の存在を示しています。これら滑石製品は滑石製模造品とよばれていますが、わたしは「模造品」という用語には抵抗感があります。「模造」という言葉に「偽物」という意味あいが強く感じられるからです。「形代《かたしろ》」というべきでしょう。それら滑石製形代のいずれにも小さな穴が開けられています。穴があるということは、紐を通して榊などにとり付けて幣としたことを想定させます。そこは坂神の祭り場だったと考えられる地点です。

なお、信濃から越後へ越える古道は三本ありますが、それぞれに三坂、見坂、深坂というミサカ地名が国境近くにあるのも興味ある事実です。

オオサカやミサカという坂は単なる国の境界とみてしまいがちですが、そうではありません。それらの坂は接するそれぞれの国、若狭や越前・山城、また美濃・越後にとっても境界であることに違いありません。そして坂を境界とする両国にとって、そこは「神の領域」だったことに目を向けなければ本質を見誤ります。そこは天につながる神の世界との接点でもあったという視点を忘れてはならないのです。

▶図8 神坂神社と神坂峠へ延びる古道（左側の石段）

LECTURE 2

神話の土壌——水の祭り

天白磐座遺跡は「水の祭祀場」

考古資料それ自体は言葉をもちません。それを語らせるのがわたしたち考古学研究者の仕事です。当然、研究者それぞれの学問によって、同じ考古資料でも違った物言いをはじめることになります。その分析過程で、弥生後期以降、とくに古墳時代以後の考古資料を理解するにあたっては、モノだけの分析にとどまるのではなく、『古事記』『日本書紀』『風土記』『万葉集』などの古代文献、さらには民俗学や国文学・神話学など、さまざまな学問分野の研究にも目配りをしつつ学際的な研究をすすめることが、古代人の心に近づく道だろうと考えます。この視点にたって、水をめぐって古代人が抱いたであろう心意をさぐってみたいと思います。

遺跡や遺構の具体的なあり方から、「水の祭り」と古代王権の問題に注目すべきだと、わたしが積極的に言いだしたのは、もう二十数年前になります。

1章でも触れたように、当時、静岡県立高校の教員だったわたしは、県のもっとも西寄りにある、それまで地元の研究者がまったく入っていなかった引佐町《いなさ》（浜松市北区）をフィールドにして、天白磐座遺跡をはじめとする遺跡の調査と研究にとりかかりました。すると、町の中心がある一・五キロ四方ばかりの小盆地（井伊谷《いいのや》）を囲む丘陵上に、北から南へと四世紀中葉から五世紀にかけて築かれた壺形の大形首長墓がつぎつぎとみつかり、浜名湖の北に古墳時代の前中期を通して安定した古代豪族の存在が明らかになってきました。天白磐座での祭祀をおこなった首長の奥津城《おくつき》とみてよいでしょう。

引佐町は古代の遠江国引佐郡渭伊郷《いい》にあたります。紀伊国の国名は記紀に「木」とみえ、木→紀→紀伊という過程で二字地名が生み出されています。また、出雲の斐伊川の名が『古事記』には「肥河」とあり、「斐伊」という郷名の元は「樋」であると『出雲国風土記』にみえます。要するに、母音iを重ねることで、二文字地名が誕生した例です。ですから「渭伊」の本来の郷名は「渭」であって、町の中心の地名が現在も井伊谷《いいのや》ということを合わせて考えれば「井」に淵源をもつ地名だと容易に理解されます。

引佐町では町の随所に豊かな湧き水があり、また彦根の大名となる井伊氏が、元来は渭伊郷から興った豪族で、その始祖の共保《ともやす》が井戸からの出誕伝承（図9）をもつことも、その背景に井泉とそこに湧く

図９ 井伊氏の始祖出誕伝承をもつ井戸

水が格別に神聖視されていたことがわかります。天白磐座遺跡のある薬師山の三方を蛇行して流れる神宮寺川には、磐座の直下に「八幡堰《はちまんせぎ》」とよばれる堰があり、そこが井伊谷地域の水分《みくま》りを占めることや、古墳時代以来の磐座での祭祀の連続性から、文献では平安時代までしかさかのぼることのできない井伊氏の祖先たちが、四世紀以来その場所を聖地として、水神の祭祀をおこなっていたことは明らかでした。すなわち、井伊氏は古墳時代前期以来の系譜をもつ豪族だったわけです。しかも「水の祭り」が、古代豪族の在地支配にとってひじょうに重要な神マツリ行為であった事実が鮮明になってきました。

文献にあらわれる「水の祭り」

聖井に顕現する女

まず、文献史料から古代人が「水」にどのような観念を抱いていたかを見ておきましょう。

（瑞歯別）天皇《すめらみこと》、初め淡路宮に生《あ》れませり。生れましながら歯《みは》、一骨《ひとつほね》の如し。容《みかたち》姿《すがた》美麗《うるは》し。是《ここ》に、井《ゐ》有り。瑞井《みつのゐ》と曰ふ。則ち汲みて太子《ひつぎのみこ》を洗《あむ》しまつる。時に多遅《たぢ》の花、井の中に有り。因りて太子の名《みな》とす。（中略）故《かれ》、多遅比瑞歯別《たぢひのみつはわけ》天皇と称《たた》へ謂《まう》す。

（『日本書紀』反正天皇即位前紀）

生まれながらに一骨のような歯をもち容姿美麗な皇子の姿は、その人物が将来を約束された格別な貴人であることを語る表現です。瑞歯別天皇は淡路島にある宮殿で生まれ、瑞井の水で産湯を使います。「瑞」は「縁起のよい、めでたい」という意味です。淡路宮は、『古事記』安寧天皇段に「淡道《あはぢ》の御井《みゐの》宮《みや》」という名でみえ、シンボルとなる聖なる井（泉）のある宮殿であったことがわかります。そこに湧く聖なる水をもって皇子を洗う行為は、皇子に聖性を付与する呪的な行為にほかなりません。その聖なる泉に浮かぶ多遅の花。天皇の名の由来を語る語呂合わせのような説話ですが、水を司る女神が「みずはのめ（罔象女）」という名でよばれる点に思いをめぐらせたときに、「みずはわけ」天皇という名に込められた古代人の水への深い思いがいっそう見えてくるではありませんか。

泉に湧く水の聖性が、汲めども尽きぬ永遠性にあることはご理解いただけるでしょう。「みずはのめ」は、貴子にそうした呪力を依りつかせる女神として観念されていたのです。

また、大阪が生んだ偉大な民俗学者である折口信夫《おりくちしのぶ》は、「水の女」（『折口信夫全集』第二巻、中央公論社、一九五六年）という有名な論文で、聖井に浮かぶ多遅の花に諡号《おくりな》「多遅比」の由来を語る背景に、皇子を養育する多治比の壬生部《みぶべ》（乳部）の存在があり、その族長の近親の女性に、貴子の誕生に際して禊《みそ》ぎの聖水をそそぐ役が割りあてられていたことを説いています。

淡路島の聖なる水にかかわる話をもうひとつ紹介しましょう。

この御世（仁徳天皇）に、免寸河の西に一つの高樹ありき。その樹の影、旦日《あさひ》に当れば、淡道島に逮《およ》び、夕日に当れば　高安山を越えき。故、この樹を切りて船を作りしに、甚《いと》捷く行く船なりき。時にその船を号《なづ》けて枯野《からの》と謂ひき。故、この船を以《も》ちて旦夕《あさゆふ》淡道島の寒泉《しみづ》を酌《く》みて、大御水《おほみもひ》献《たてまつ》りき。

（『古事記』仁徳天皇段）

霊力が宿る巨樹ゆえに、それで造った船（枯野）はたいへん足が速く、それを用いて朝夕に淡路島の聖泉の水を天皇のもとに運んだことが語られます。どうやら淡路島にある聖泉は大王に格別の霊力をもたらすものと考えられていたようです。

『古事記』が語る枯野伝承が、イザナキ・イザナミの二神による大八島生成譚で、まず最初に生まれたのが淡路島であったこと、やがてイザナキ神は淡路島に隠れたとする記紀神話における淡路島の格別の扱いと連動した説話であることは確かと思われます。

宮殿と御井

聖なる井泉と宮殿の関係は、持統天皇の藤原宮（図10）にもあります。『万葉集』に次のような歌がみえます。

藤原宮の御井の歌

やすみしし　わご大君　高照らす　日の皇子　あらたへの　藤井《ふぢゐ》が原《はら》に　大御門《おほみかど》　始めたまひて　埴安《はにやす》
の　堤の上に　在り立たし　見《め》し給へば　大和の　青香具山は　日の経《たて》の　大き御門に　春山と　繁《しみ》さ
び立てり　畝火の　この瑞山《みづやま》は　日の緯《よこ》の　大き御門に　瑞山と　山さびいます　耳梨の　青菅山《あをすがやま》は
背面《そとも》の　大き御門に　よろしなへ　神さび立てり　名ぐはし　吉野の山は　影面《かげとも》の　大き御門ゆ　雲居

にそ　遠くありける　高知るや　天《あめ》の御蔭《みかげ》　天知るや　日の御蔭の　水こそば　常にあらめ　御井の清
水　（『万葉集』巻第一―五二）

この歌で「藤原」という宮号が「藤井《ふじい》が原《はら》」に由来し、そこが四方を大和三山と吉野の霊山に囲まれた神聖な空間であることを歌います。「この宮殿の水こそは絶えることなく永遠に湧き続けてほしい。御井の清水よ」という歌い納めの詞章から、その御井が「藤井」とよばれた井泉であったとわかります。淡路宮のシンボルに御井があったのと同じく、「藤井」は藤原宮繁栄の象徴であったことがよく理解される歌です。

折口信夫は「水の女」で次のように述べています。すなわち「藤（ふぢ）」は「淵（ふち）」の古語であって、藤原氏という豪族も、本来は王権のなかで聖水をあつかう家柄であったというのです。この長歌につづいて、「藤原の大宮仕へ生《あ》れつぐや処女《おとめ》がともは羨《とも》しきろかも」という短歌がみえます。聖なる井泉の水をもって天皇に奉仕する乙女の存在が浮かんでくるではありませんか。藤原宮で、天皇に奉仕するために生まれ継いでくる乙女達を羨望するこの歌から、折口の指摘もうなずけるとわたしには思われます。知らず知らずに取り憑かれてしまう折口ならではの発想です。

天智天皇の近江大津宮に近接して三井寺（園城寺）があります。「三井」は「御井」に由来し、境内に祀られる閼伽井《あかい》とよばれる井泉が大津宮の象徴的な聖なる井で、『日本書紀』の天智天皇九年三月条に「山御井《やまのみゐ》の傍《ほとり》に、諸神《かみたち》の座《みまし》を敷きて、幣帛《みてぐら》を班《あか》つ。中臣金連《なかとみのかねのむらじ》、祝詞《のりと》を宣《の》る」とみえる山御井がそれにあたるものとみてよいでしょう。

図10 藤原宮大極殿跡（彼方に天香久山がみえる）

斑鳩《いかるが》にも三井寺があります。法輪寺という名でよく知られた山背大兄王《やましろのおおえのおう》たちによる創建伝承をもち、聖徳太子妃の菩岐々美郎女《ほききみのいらつめ》をだした膳《かしわで》氏を檀越《だんおつ》とすると伝えられる寺院です。法輪寺の西北方には現在も「斑鳩の御井」（図11）があります。膳氏が天皇の食膳を司る氏族である点に留意すると、あるいは「斑鳩の御井」もまた天皇の大御水として献上されたのかもしれません。さらにわたしはこれまでの話と関連させて、聖徳太子の斑鳩宮経営にあたってのシンボルとなったのがこの御井だったと考えています。

宮殿とそれを象徴する聖なる井泉の存在を語る神話をみておきましょう。

記紀神話のひとつに海幸山幸の説話があります。兄である海幸彦の鉤《つりばり》を失った山幸彦が、塩椎《しおつち》神の教えに導かれてたどり着いた海神《わたつみ》の宮殿の門の傍らには井泉があって、そばに聖なる桂の樹がありました。山幸彦が桂の樹に登っていたところ、海神の娘である豊玉比売《とよたまびめ》の召使が玉器を持って水を汲《く》もうと井泉をのぞき、水面に映る山幸彦をみつけます。そこで山幸彦は彼女に水を所望しますが、さし出された玉器の水を飲まずに、自分の首飾りを解いて、その玉を口に含み、玉器の中に吹き出したのです。そうすると玉は玉器の底にくっついたまま離すことができなくなりました。召使はしかたなく玉がついたままの玉器の水を豊玉比売に献上します。それを契機に、山幸彦は豊玉比売に見いだされ、やがて三年の歳月を豊玉比売と海神宮に過ごした後、兄の鉤を手に入れて中つ国に戻り、やがて海幸彦を従える話へと展開してゆきます。

玉器の水に首飾りの玉を口から吹き出すくだりは、水を祝福する祭りの次第を思わせます。藤原宮の藤井や、大津宮の山御井、また淡路宮における御井の存在をながめると、海神宮の門口にある井泉が、

図 11 斑鳩の御井

その宮殿の象徴であったことがみえてきます。

カツラ（桂）の語源は香出《かづ》だといわれます。その葉を乾燥させてお香を造ることからオコーノキとかオコノキというそうです。『古事記』ではそれを「湯津香木《ゆつかつら》」と表記しています。しかも桂はその下を掘れば水が出るといわれるほど水分を好む樹木で、神奈川県ではミズノキという名でよばれています。

京都の賀茂川の水源を祀るとされ、水神である罔象女神《みずはのめ》を祭神とする貴船《きふね》神社の前には、桂の巨木が今もそびえ立っています。

各地の御井伝承

三輪の磐井

聖なる井泉は、なにも大王だけにかかわるものではありません。各地の豪族にとっても、その繁栄を象徴する聖井がありました。三輪山を祀ることを職掌とした三輪君に関する次のような伝承が『日本書紀』に語られます。

御馬皇子《みまのみこ》、曾《いむさき》より三輪君身狭《むさ》に善《うるは》しかりしを以ての故に、慮遣《みこころや》らむと思欲して往でます。不意《おもひのほか》に、道に激軍《たふるいくさ》に逢《あ》ひて、三輪の磐井の側《ほとり》にして逆戦《あひたたか》ふ。久にあらずして捉《とら》はる。刑《つみ》せらるるに臨みて井を指して詛《とご》ひて曰はく、「此の水は、百姓《おほみたから》のみ唯飲むこと得む。王者《ひとのきみたるひと》は、独《ひとり》飲むこと能《あた》はじ」といふ。

(『日本書紀』雄略天皇即位前紀)

雄略天皇は将来に政敵となりそうな王族をつぎつぎと倒してゆきます。最大の政敵と予想された履中天皇の皇子である市辺押磐皇子《いちのべのおしはのみこ》を討ち、つづいてその弟である御馬皇子にも追っ手を差し向けます。御馬皇子はかねてから心を通じ合っていた三輪君身狭のもとに身を寄せる途上、三輪の磐井のかたわらで雄略方に捕らえられ処刑されることになります。その折に皇子は、磐井の水に「この水は、人びとは飲むことが可能である。王者(大王)だけは飲むことができない」と呪詛《じゅそ》したのです。この呪詛の言葉は、それまでは三輪の磐井の水が大王に献上されていたことを語るものにほかなりません。

磐井の「磐」は「不動の」という意味をもち、さらにすすんで「永遠の」「聖なる」などの意を合わせもちます。「三輪の磐井」が三輪地域にあって聖なる井泉と認識されていたことがわかります。その聖井を祭ったのが三輪氏だとみて間違いないでしょう。大地から湧き溢れる井泉の水は地霊の表象にほかならず、それを祭ることが在地豪族にとって、地域支配を神から保証される行為とみなされたのです。湧き溢れ出る水は尽きることがありません。その永遠性に己が地域支配の永続が重ねられたわけです。

わたしは「三輪の磐井」について以下のように考えています。大神《おおみわ》神社の北に、摂社の狭井《さい》神社が鎮座し、その脇を狭井川が流れています。この狭井川について、次のような伝承が『古事記』に語られます。

神武天皇の亡くなった後、皇后の伊須気余理比売《いすけよりひめ》が庶子である當藝志美美命《たぎしみみのみこと》の謀反《むほん》を子どもたちに歌で知らせようとします。「狭井河よ　雲立ちわたり　畝火山　木の葉騒《さや》ぎぬ　風吹かむとす」と。

「狭井河」の「狭（サ）」は「聖なる」という意味です。そして「井」は人手によって掘削された井戸のみならず、泉や、大小の河川から人びとが用水を汲みとる場をも指す言葉です。大井川という河川名も、流域の人びととの命の水をあがめる心意に由来しているのです。わたしは「三輪の磐井」が狭井川ではなかろうかと考えています。狭井神社よりやや下手に摂社、大直禰《おおたたね》子《こ》神社がありますが、その下層に六世紀にさかのぼる豪族居館遺構の存在することが社殿の解体修理にともなう発掘で明らかになりました。三輪氏の居館と考えられます。おそらく「三輪の磐井」は、狭井川の川辺で三輪氏が水の祭祀をおこなった場だったのでしょう。

筑紫君磐井

「磐井」という言葉を聞かれたみなさんのなかには、あの継体朝に反旗をひるがえした筑紫君《つくしのきみ》磐井《いわい》を想起された方がいらっしゃるでしょう。戦いが始まって一年半、磐井追討の大将軍物部大連麁鹿火《あらかひ》との間におこなわれた最後の決戦は、筑後国御井郡が舞台となり、書紀によれば磐井はそこで討たれます。

御井郡は福岡県久留米市から三井郡一帯の筑後川下流域です。『肥前国風土記』は筑後川を「御井川」や「御井の大川」とよんでいます。その名から、古代の北部九州の人びとが抱いた、命の川である筑後川への畏敬の心がうかがえるではありませんか。そうすると、名前に「磐井」を負う筑紫の大豪族が、御井郡を最後の地としたのも合点がゆきます。すなわち聖なる井である筑後川（御井川）の水を祭り、制御することを通して地域支配をすすめたのが筑紫君一族であったことが、わずかな史料からでも明らかになってくるのです。

常陸の井泉伝承

『常陸国風土記』には、随所に聖なる井泉にかかわる説話がみえます。なかでも常陸という国名の由来を説く次のくだりはよく知られています。

> 倭武《やまとたける》の天皇、東《あづま》の夷《えみし》の国を巡狩《めぐりみそな》はして、新治《にひばり》の県《あがた》を幸過《すぎいでま》ししに、国造《くにのみやつこ》毗那良珠命《ひならすのみこと》を遣はして、新に井を掘《ほ》らしむるに、流泉《いづみ》浄《きよ》く澄み、尤好愛《いとめづら》しかりき。時に、乗輿《みこし》を停《とど》めて、水を翫《め》で、み手を洗ひたまひしに、御衣《みけし》の袖、泉に垂《た》りて沾《ひ》ぢぬ。便《すなは》ち、袖を漬《ひた》す義《こころ》によりて、此の国の名と為せり。
>
> （『常陸国風土記』総記）

倭武命（日本武尊）が、掘らせた井に湧出する清らかな麗水でみずからの袖を漬したことに国名の起源が語られるほど、その井戸のすばらしさを讃えることにより常陸の繁栄を語ろうとした説話です。井水の永遠性が「常なる陸」という国名と響きあっていることにも耳を傾けなければ、この話の理解は不充分なものになってしまいます。湧水を誉めることは、国土を讃えることにつながるのです。この話の井戸が、人びとに常陸国の象徴とみなされたことは間違いないでしょう。永遠の世界、時間の観念のない世界を「常世《とこよ》」と言います。「常陸」という国名には、それにつながるつよい思いを読みとることができるのです。

また『常陸国風土記』の那賀郡条は、坂の途中に湧く「曝井《さらしい》」という泉について、「多《さは》に流れて尤《いと》清く、曝井と謂《い》ふ。泉に縁《よ》りて居《す》める村落《むら》の婦女《をみな》、夏の月に会集《つど》ひて布を浣《あら》ひ、曝《さら》し乾《ほ》せり」と語ります。この曝井について『万葉集』は、「三栗《みつぐり》の那賀《なか》に向かへる曝井の絶えず通はむそこに妻もが」（巻第九―一七四五）と歌っています。曝井に現れる女性を幻視した歌です。風土記が語る泉のかたわらで布を洗い曝す女性の姿がそこにあります。その女性たちに、「藤原宮の御井の歌」の短歌や、折口信夫の「水の女」にみた、井泉の聖水を汲みあげ、永遠の命を人びとに付与する乙女への憧れを重ねたところに作歌の契機があったと考えてよいでしょう。

丹後の真奈井

水辺に立つ乙女といえば、『丹後国風土記』逸文に、比治山《ひじやま》のいただきにある真奈井《まない》とよばれる井泉に現れた乙女の話があります。天から真奈井に下り来たった八人の乙女が水浴びをしていたところ、老夫婦がひそかに一人の乙女の衣を隠したために、彼女だけが天に帰ることができず、老夫婦のもとにとどまり、万病を癒《いや》す効果をもつ酒を醸《か》み、富をもたらすという「天の羽衣」説話のひとつです。天はいつも存在するが故に、永遠が観念され、人びとに不死の世界を想像させました。それゆえに、そこから降り来った乙女の醸む酒が人びとに生命力を与え、万病を癒すことができたのです。

なぜ天つ乙女が水辺に現れるのでしょうか。それは水が湧き、また流れくる源に、現世とは違った永遠の世界（異界）があると考えられたからです。前章で述べた『神の領域』と『人の領域』の接点として水辺が観念されたに違いありません。

真奈井は「聖なる井泉」という意味です。真奈井といえば、皆さんは天照大御神と須佐之男命が天安

図12 比治山（久次山）麓に鎮座する比沼麻奈為神社

河をなかにして神意をうかがうために誓約《うけい》をした際に、天の真名井に相手の物実《ものざね》である十拳剣《とつかのつるぎ》と八尺勾玉《やさかのまがたま》を振りすすぐ場面を思いだされるでしょう。神意が現れる神聖な場にある井泉が真奈井なのです。

出雲の井泉関連遺跡

出雲地方にも、井泉を祭るとみられる神社が『延喜式』に散見されます。まず国府のある意宇《おう》郡には真名井神社が、ほかに秋鹿《あいか》郡に御井・大井・垂水などの神社、出雲郡に御井神社、楯縫《たてぬい》郡に水神社などをあげることができます。

旧出雲郡に位置する、奈良～平安時代中頃の三田谷《さんただに》I遺跡（島根県出雲市）では、掘立柱建物群に沿って掘られた幅五メートル前後の大溝があり、その最上流部に岩盤を一辺約二・二メートル前後の不整方形に掘り込み、岩の透き間からあふれ出る水が大溝を流下するという導水の仕掛けが発掘されました。溝から出土する遺物のなかには木簡や墨書土器があって、この遺跡が官衙的性格の濃いことをうかがわせています。墨書土器のなかに、八世紀前半とみられる須恵器坏の底部外面に「麻奈井」という墨書がありました（図13）。もちろん「まない」と読みます。出土した地点は先の湧水地点から三〇メートルばかり下流でしたが、出土状況から人為的か否かはともかく、大溝内へと落ち込んだものが、流されつつ自然に土中へと埋まったと考えられています。どうやら「麻奈井」とは、その湧水があふれ出る岩盤の掘り込みを指したとみられます。「まない」という井泉を讃える言葉が各所にあった証拠をここにみることができます。

もうひとつ出雲の聖井に関する発掘事例をご紹介しましょう。先ほどの式内社のひとつ、出雲郡の御井神社に関する遺跡です。御井神社は風土記にも「御井社」とみえ、出雲市斐川《ひかわ》町に社殿を西に向けて鎮座しています。拝殿からまっすぐ西にのびる参道の延長線上、約三〇〇メートルばかり離れた低い丘陵のいただきに、八世紀後半〜九世紀前半の、いわゆる大社造建築とみられる九本柱の掘立柱建物跡が参道と主軸をそろえるように発掘され、丘陵の南直下の谷からは「三井」や「井」と書かれた墨書土器が多数みつかっています。建物遺構は、まさに風土記にみえる「御井社」に比定される遺構とみてよいと思っています。おそらく丘陵の入り組んだ谷筋に湧出する井泉を祭った社だったのでしょう。現在は丘陵上の遺跡を杉沢Ⅲ遺跡、丘陵下の遺跡を三井Ⅱ遺跡とよんでいますが、御井神社と一体で考えなければならない興味深い遺跡群です。

さらに、出雲市の東にある青木遺跡を紹介しましょう。十世紀の神像彫刻や、八世紀の絵馬が出土して話題になった遺跡です。多量の墨書土器や木簡も出土し、官衙・神社に関連する遺跡とみられています。太い心御柱《しんのみはしら》をもつ八世紀の大社造の神社とみられる建物や、基壇上の礎石立ち建物など、数棟の建物遺構が確認されています。現地を見学してなにより興味をおぼえたのは、五五センチ四方の板組井泉があって、そこから流出した水を、外側の二面に板を組んだ枡状施設に導く、奈良時代後半から平安時代初頭の遺構です（図14）。井泉の枠板のひとつには、枡状施設に水を落

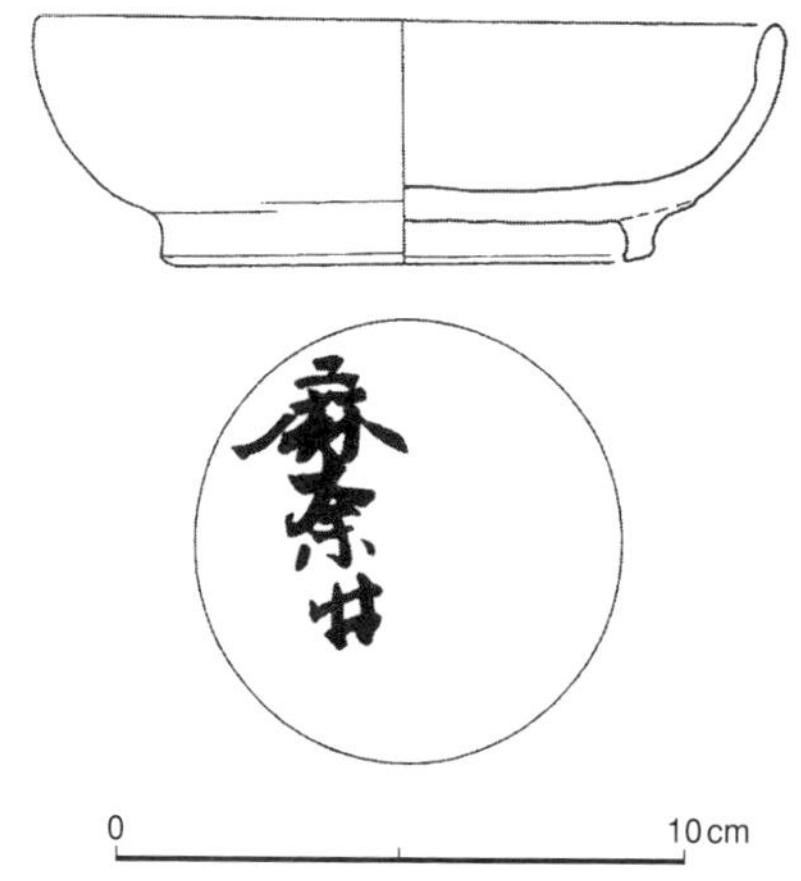

図13　墨書土器「麻奈井」（島根県出雲市、三田谷Ⅰ遺跡）

とす矩形の切り込みがあって、そこに木栓がはめ込まれた状態でした。必要に応じた水の利用がうかがえます。さらに枡状遺構のもう一辺の外側に近接して偏平な石が置かれ、それが水を汲む折の踏み石だったことも明らかでした。祭儀の次第がしのばれる遺構です。しかも井泉をなかに、踏み石の反対側には一本の樹根が残っており、根元にはたくさんの須恵器が手向けられたように置かれていたのも目に焼きついています。聖なる井泉とその脇にそびえる樹の存在が指摘できたのです。海神宮の門前の井泉と桂樹を思わずにいられません。その後、青木遺跡の報告書が刊行され、当該の樹種がヤナギと同定されました。

　水辺の祭場にそびえるヤナギといえば、大阪府八尾市にある小阪合《こざかあい》遺跡での四世紀後半にさかのぼる事例があります。そこでは河川跡の東岸で発掘されたヤナギの樹根の周囲から、小型内行花文鏡のほか、剣・大刀・矛・鏃などの鉄製武器や勾玉、さらには祭祀に用いられた多数のミニチュア土器が出土しています。遺跡名の一部にある「阪合」は地名で、近世には「堺」や「坂合」とも表記され、さらには式内社の坂合神社が鎮座する点もあわせ、当該地が古代にさかのぼる境界祭祀の場だったことを語りかけてくれます。阪合の北にある「萱振《かやふり》」という地は、ヤマト王権の境界祭祀にかかわった隼人の居住地だった事実もあわせ、小阪合遺跡が1章で述べたミサカの祭場だった可能性を指摘できそうです。水辺もまた、境界を観念させる場だったことがうかがえるではありませんか。

　柳田国男は「楊枝を以て泉を卜する事」（『神樹篇』柳田国男全集第十九巻、筑摩書房、一九九九年）のなかで、次のような事例を紹介しつつ、ヤナギの親水性を説いています。すなわち、西行がヤナギの枝をもって掘り出したという京都の名水、西行水。また河内の野中寺にある、行基がヤナギの枝を用いて掘

図14 樹下の井泉（島根県出雲市、青木遺跡）

り出したと伝える楊枝井。さらには各地の「柳の井」「柳の清水」という井泉の名などから、ヤナギの枝が地中の水を探索する手段に用いられたというものです。水辺の祭祀場に立つヤナギを考えるうえで目配りをしておくべき指摘だと思います。

豪族居館における水の祭儀

これまで文献史料を中心に古代人の水や井泉への心意を読み解いてきました。それでは、古墳時代の水にかかわる考古資料から、どのような心意を汲みあげることができるでしょうか。

静岡県の引佐町における調査と研究のなかで、古墳時代の豪族にとって水の祭祀が大きな意味をもつことに気づきはじめていたわたしは、群馬県の三ツ寺《みつでら》Ⅰ遺跡の発掘成果を知り、それが間違いないことを確信したのです。

三ツ寺Ⅰ遺跡

三ツ寺Ⅰ遺跡(群馬県高崎市)は榛名山《はるなさん》の麓にある一辺約八五メートル四方の屋敷地の周りに、幅三〇～四〇メートル、深さ三メートルを超える大規模な濠をめぐらせた五世紀後半の豪族居館(祭政空間)として知られています(図15)。居館内からは、堀に向かって各辺に二箇所ずつ、方形の突出部があり、物見をしたり、矢を射たりするための施設と考えられます。注意したいのは居館内の景観です。まず居

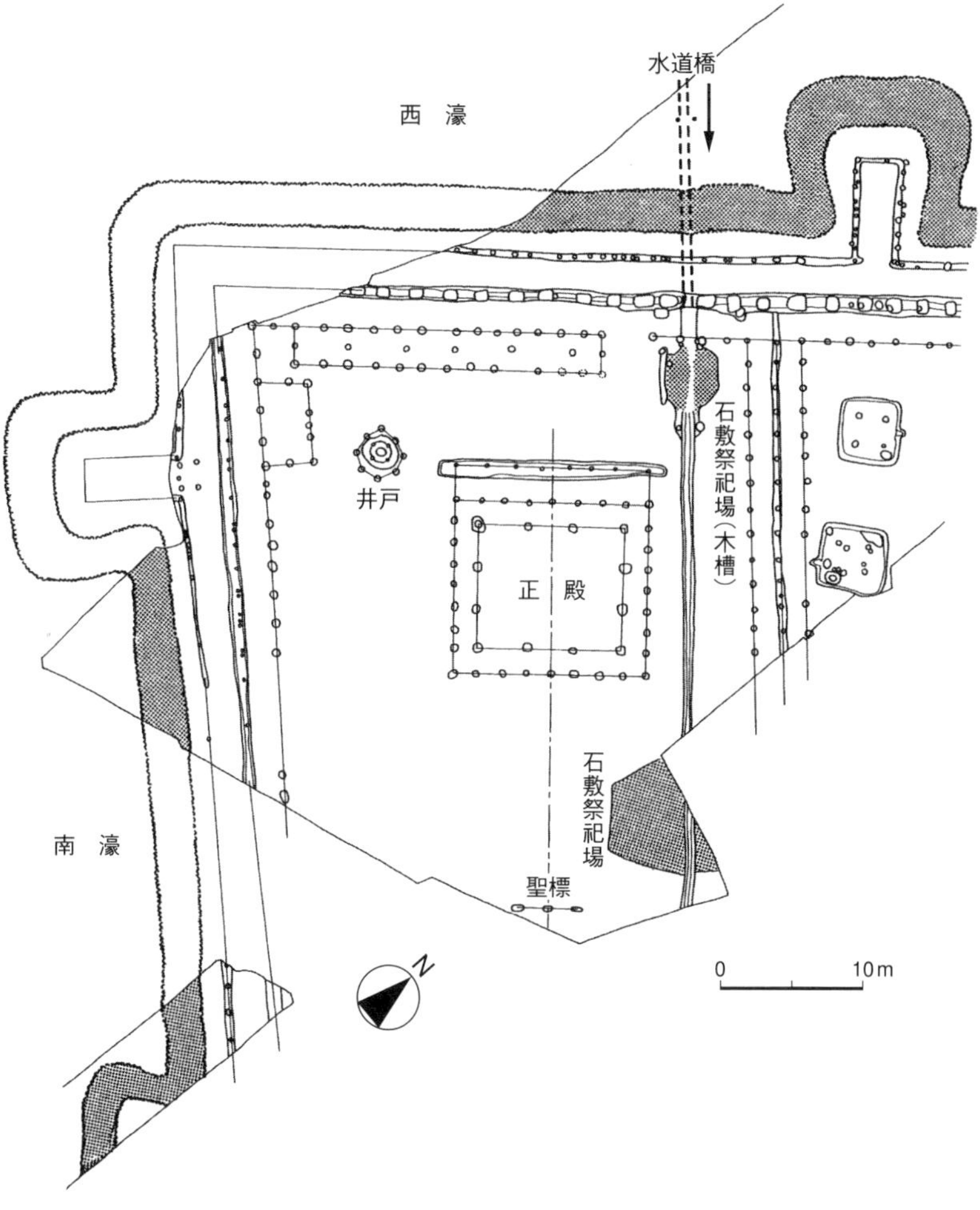

図15 三ツ寺Ⅰ遺跡の祭政空間

館の濠に沿った外縁部には、三重の柵がめぐり、その内部空間をさらに三重の柵で南北に二分しているのです。発掘の中心は南側の区画で、そこには広場をなかにして、首長権を象徴する「王の杖」を形象したとみられる三本の大柱（聖標、一七二ページ参照）が立てられ、それと対面するように居館の中心である大型掘立柱建物跡がありました。広場から建物に向かって左手奥には、覆屋《おおいや》をもつ刳《くり》抜《ぬ》きの枠を据えた井戸が発掘されました。

日常の生活に使用する井戸であったなら、廃水を処理する溝などの関連施設があるはずですが、この井戸にはそれがありません。なによりこの井戸の性格を物語る事実は、この居館が榛名山の噴火にともなう火砕流に襲われ焼亡した直後、火山灰に完全には埋まることのなかった井戸を、勾玉や臼玉《うすだま》など、二〇点もの滑石製形代などの祭具を納めながら埋めていることです。この井戸が居館の象徴とされ、そこに湧き出る水を神聖視していたことをうかがわせます。

淡路宮の聖水が枯野という高速船で高津宮に朝夕運ばれて、仁徳天皇の大御水に供されたとか、三輪の磐井の聖水がかつては天皇に献上された霊水であったという、先に紹介したさまざまな文献史料を考えあわせれば、この井戸が三ツ寺居館の聖井であったと断定することが可能となります。

さらに建物の右手奥には、濠の上に木製の水道橋を架けて外から居館内に導いた水を落として浄化する木製の槽、それは神並《こうなみ》・西ノ辻遺跡（大阪府東大阪市）や大柳生宮ノ前遺跡（奈良市）から出土した木樋と同様の形状が想定できますが、その木槽をすえたとみられる痕跡と、その周りに六角形の石敷きの遺構が発掘されました。そこからは勾玉や臼玉、剣形などの祭祀用の滑石製の形代や、多量の坏や高坏が破砕された状態で出土し、明らかにこの場所で水に対する祭祀がなされたことを示しています。ここで祭られた水は木樋によって大型建物前の広場脇まで導かれ、そこに設けられた、やや大きめの石敷祭祀施設を貫き流れ下ります。そしてそこでも、子持勾玉や勾玉・剣玉・臼玉などの滑石製祭祀具と、破砕された土器が細片となって出土しました。どうやら禊や祓いの祭儀がおこなわれていたようです。

ふたつの石敷祭祀遺構は、居館の外から導いた流水を用いる祭祀とみなすことができます。居館の中心となる大型建物をなかに、一方に井戸に湧く水、他方に館の外から導かれた流水という性格の異なる水を用いた祭儀が存在することには留意しておく必要があります。

城之越遺跡

さて三ツ寺I遺跡より一世紀さかのぼる水の祭儀場が城之越《じょのこし》遺跡（三重県伊賀市）です（図16）。最近ではガイダンス施設を併設した史跡公園として整備され、訪れた方もいらっしゃることでしょう。

城之越遺跡では一〇メートルほどの等間隔に三箇所の湧水点（井泉）があって、溢れ出た水は合流しつつ、最終的には幅一〇メートルばかりの大溝となって平地へ流れくだります。とくに注目したいのは、溝を小石で護岸し、合流点などにはやや大きめの立石を配して汀《みぎわ》に変化をつけていた点です。さながら中世寺院などにみられる庭園を連想させる景観です。当時、新聞が「最古の日本庭園」という見出しを使ったのもうなずけます。

また下手《しもて》の合流点には、石組みのなかを水際に下る石段が設けられていました。そして溝からは体部に穴をうがった小型丸底壺がたくさんみつかりました。蔀屋北《しとみやきた》遺跡（大阪府四條畷市）での実例を参考とすれば、この小型壺にうがたれた穴には、短く切った竹を用いた注ぎ口が差し込まれたと推察されます。

図16「水の祭儀場」城之越遺跡（三重県伊賀市、整備後）

こうした発掘情報は、井泉から流れ下る水を石段下で汲みあげたのち小型壺に入れ、それを首長が飲むという祭儀行為を復元させます。もちろん井泉そのものを祝福する儀礼もあったことでしょう。

話の前半を思い出してください。首長権は聖なる水により更新され、永遠につづくことが保証されると念じられていたようです。井泉の湧水とその流れは、現世での長命や若返りがかなう変若水《おちみず》として、古代の祭儀に欠かすことのできないものでした。わたしは、この城之越遺跡の祭儀場を形づくる貼石や立石群、そこに湧き出す水とその流れは、不老不死の神仙世界の霊山や霊川を具現したものとみています。ここでは湧水と流水の両者が組み合わされているではありませんか。

南郷大東遺跡

一九九四年、南郷大東《なんごうおおひがし》遺跡（奈良県御所市）で発掘された古墳時代中期の水の祭儀場は、小規模な河川を仕切ってダム状の施設をつくり、その上澄み水を木樋を使って二間四方の建物内に設けられた巨木を刳り抜いた槽に落とし、さらにその水を細い溝を通して建物の外へと流すという導水の仕掛けを設けていました（図17・19①）。発掘された遺構の状況から、水にかかわる祭儀が建物の中でおこなわれたと考えて間違いないでしょう。建物のまわりには、ひとまわり大きく柴垣がめぐり、その一辺が鉤《かぎ》の手状に曲がり、そこに祭儀場の入り口が設けられていたようです。したがって祭儀場となった建物にはまっすぐ入ることはできず、鉤の手に回り込むかたちで参入することになります。聖なる祭場への直視を避けるこの柴垣の構造に、わたしは古代人の心情が読みとれると思います。

それは松野遺跡（兵庫県神戸市）や長瀬《ながせ》高浜《たかはま》遺跡（鳥取県湯梨浜町）など、古墳時代の豪族居館における、

図 17「水の祭儀場」南郷大東遺跡（奈良県御所市）

マツリゴト（政事・祭事）空間を囲む柵と鉤の手をした門の平面構造にそっくりな仕掛けです。そこにも南郷大東遺跡の遺構が、聖水を対象とする首長による祭儀の場であったことを語りかけています。

古墳と水の祭儀場

南郷大東遺跡の水の祭儀場をそっくりミニチュア化した形象埴輪が宝塚一号墳（三重県松阪市）で発掘されています（図18①）。垣や塀と鉤の手の門構えを表現した囲形《かこいがた》埴輪の内側に切妻形屋根をもつ家形埴輪が置かれ、屋内には並行する二本の粘土紐を貼り付けて樋が表現され、その中ほどを両側に膨らませて槽（B）が造形されます（図19②）。建物の妻側の壁には両方ともに穴があけられ、一方には水を受ける丸い槽（A）、他方は外に水を排水する樋（C）がやや長く伸びて表現されています。まさに南郷大東遺跡の祭儀空間がそこに造形されていると言っても過言ではないほどよく似ているのです。しかし埴輪の外からは、この家形埴輪の中にある槽と樋を見ることができない事実に目を向けなければなりません。美園古墳の高殿形埴輪の屋内に、外から見えないにもかかわらず造られていたベッドと同じなのです。形象埴輪が来世のために存在するのか、それとも現世に向かって存在するものか、これについては4章で検討しましょう。

また、南郷大東遺跡の祭儀場に据えられていた木製の樋と槽、また宝塚一号墳出土の水の祭儀場の形象埴輪に表出された樋と槽を究極までデフォルメした石製品が野毛大塚《のげおおつか》古墳（東京都世田谷区）の副葬品のなかにあります。石棺に副葬されていた蒲鉾板状の滑石製品（図19④）に、宝塚一号墳で家形埴輪の屋内に造形されていた水を流す樋と槽の仕掛けが彫り刻まれていたのには驚きました。

さらに酒船石遺跡《さかふねいし》(奈良県明日香村)で発掘された、泉から湧出した水を最初に受ける小判形の石造物と、それから流下した水を受ける亀形石造物の円形の槽(図20)、さらに排水を外へと導く亀の尻尾に刻まれた溝(図19⑤)は、上述した宝塚一号墳の家形埴輪に造形されたA・B・Cに該当することは明らかで、南郷大東遺跡とも構造的に密接な関連性があることを無視すべきではありません。そういえば酒船石遺跡の背後の丘陵上にあって、謎の石造物とされる酒船石(図19⑥)に刻まれた溝と槽にも同じ造形意図が明確に指摘される事実にも目を向けなければなりません。酒船石もまた水の祭儀に用いられた施設だったとみて間違いないでしょう。飛鳥時代にも前代の水の祭祀が連綿とつづいているのです。

大阪平野の東、生駒山地の麓に立地する壺形をした心合寺山古墳《しおんじやま》(大阪府八尾市)のくびれ部から、囲形埴輪と家形埴輪の組み合わせを一体に造形した埴輪が出土しました(図18②)。外観は宝塚一号墳例によく似た埴輪です。そして建物と囲み部分をつなぐように樋が造形され、妻側の壁に穴があけられ、あきらかに水を屋内に導き、また一方から排水する仕掛けが見てとれます。ところが、屋内の床の中央が長方形に抜けていて槽も樋の表現もないのです(図19③・図53)。そこに何の仕掛けもなかったとは、わたしには考えられません。野毛大塚古墳出土の滑石製品のような、導水施設を木材で作って床にはめ込んだと考えるほかありません。この想定は埴輪研究に新たな視野をひらいてくれそうです。

さらにまた誉田御廟山古墳《こんだごびょうやま》(応神陵古墳、大阪府羽曳野市)のすぐ北に接するような位置に築かれた狼塚《おおかみづか》古墳(大阪府藤井寺市)という直径二八メートルばかりの造出しを付設した円墳から発掘された、水の祭儀場を表出した形象埴輪の様相はとりわけ興味深いものでした(図54)。一辺に二つずつ、合計八個の狭長な箱形をした埴輪を並べて約九〇センチ四方の空間をつくり、その内側に河原石を敷き詰め

①宝塚1号墳出土

②心合寺山古墳出土

図18「水の祭儀場」を形象した埴輪

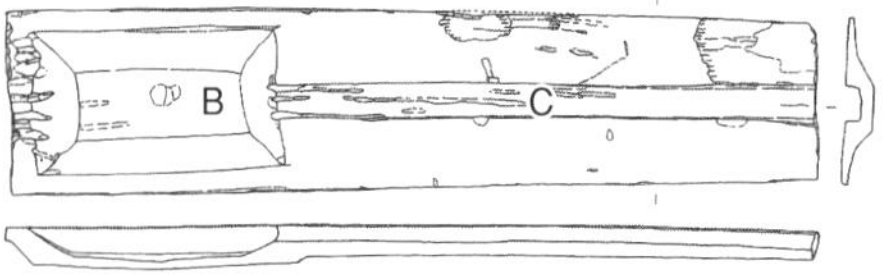

①南郷大東遺跡（木製品、5世紀中葉）

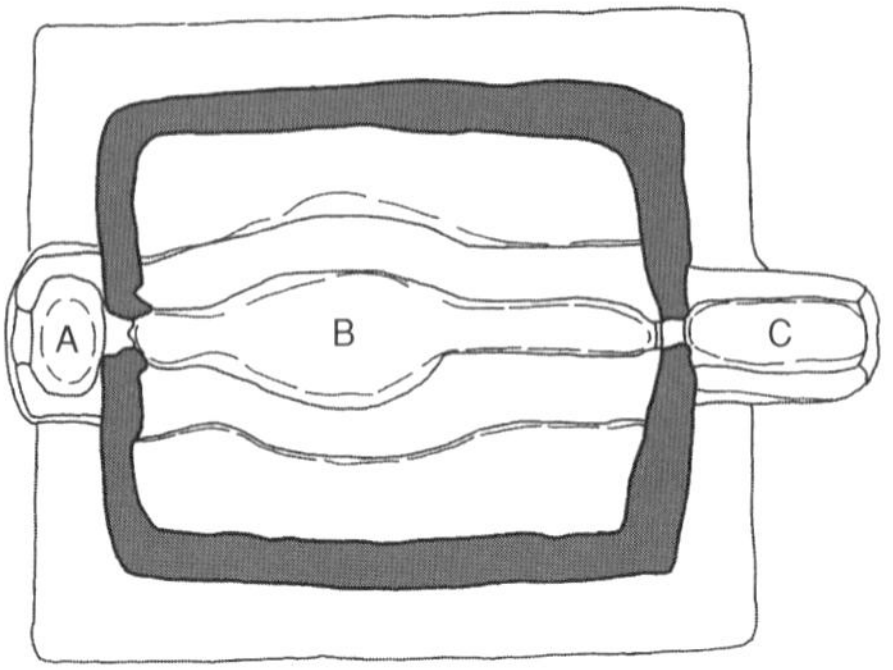

②宝塚1号墳（埴輪、5世紀前葉）

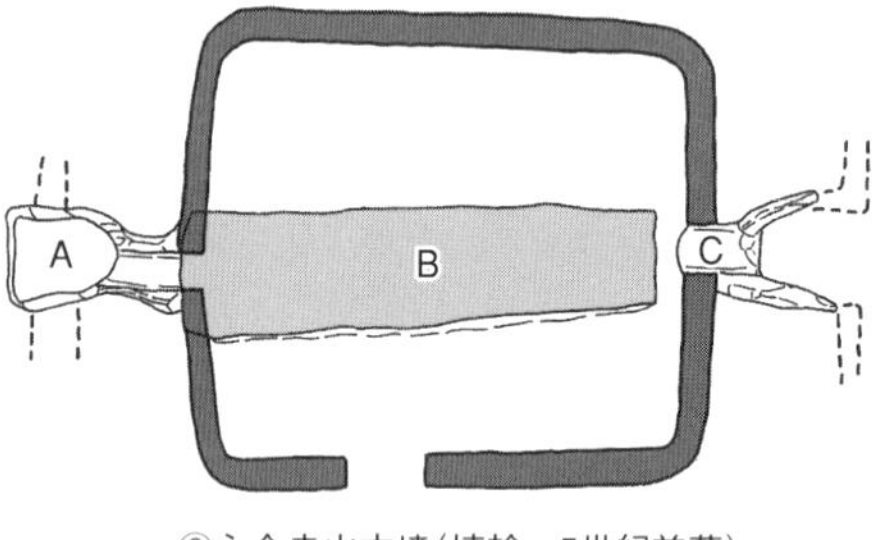

③心合寺山古墳（埴輪、5世紀前葉）

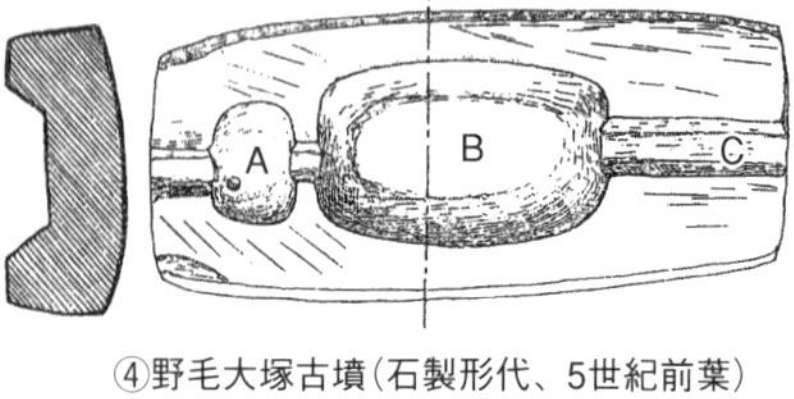

④野毛大塚古墳（石製形代、5世紀前葉）

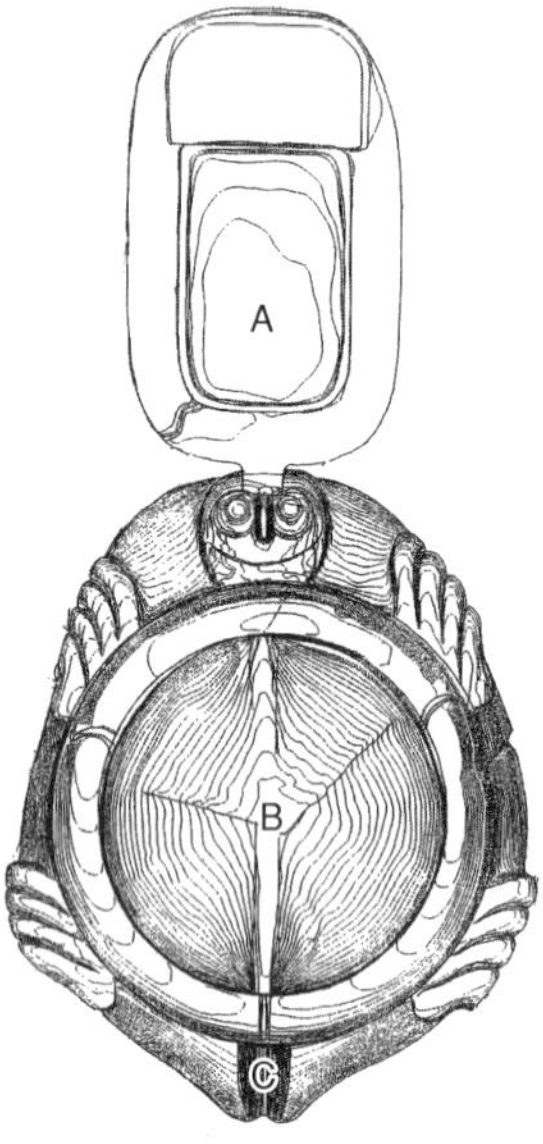

⑤酒船石遺跡（石製品、7世紀中・後葉）

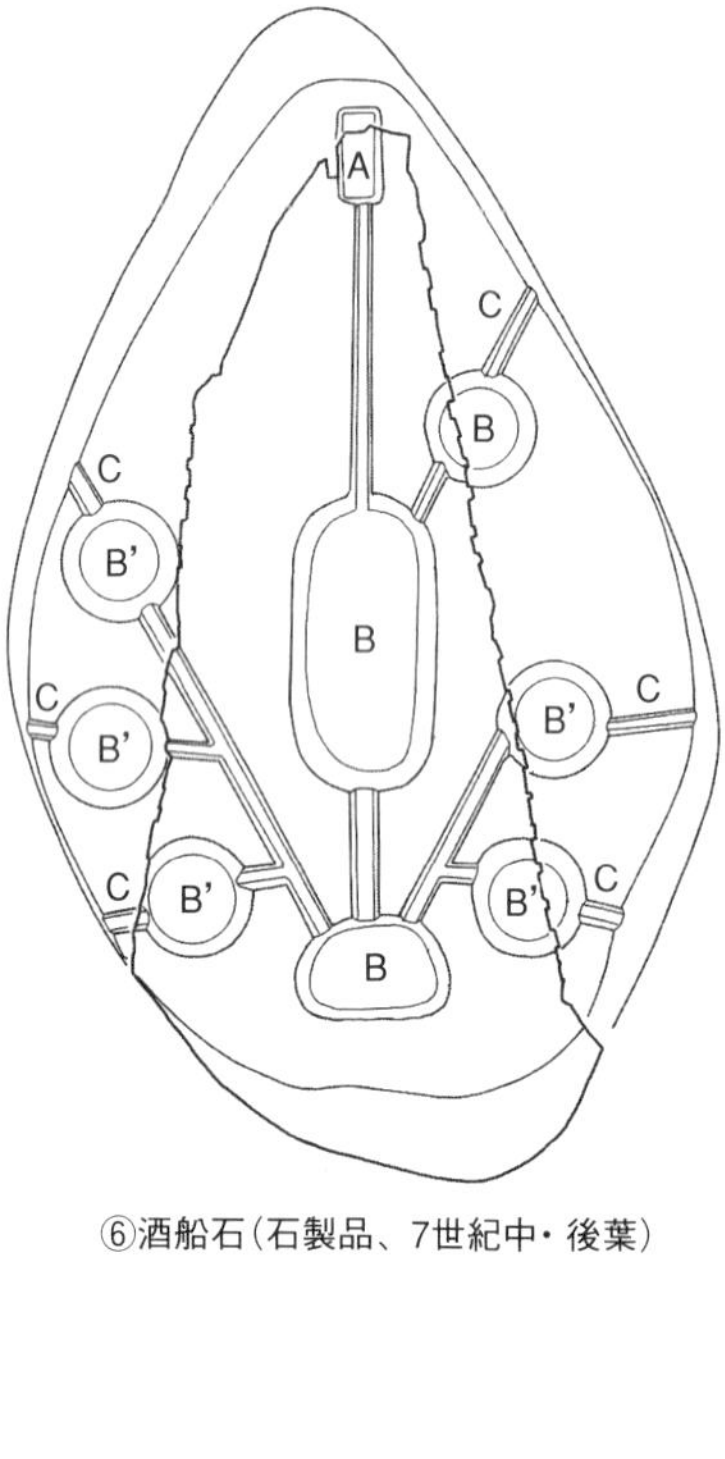

⑥酒船石（石製品、7世紀中・後葉）

図 19 水の祭儀装置（浄水施設）の形象

図20 酒船石遺跡で発掘された亀形石造物（奈良県明日香村）

たうえで、空間の真ん中に槽と樋を一体に造形した導水施設を形象した土製品がぽつんと置かれていました。箱形埴輪の上縁は鋸歯状の連続三角形に造形されています。きっと箱形埴輪で塀を表出し、内側の四角い空間のなかに、導水施設形の土製品を中に置いた小さな木造建築が存在したに違いありません。狼塚古墳と心合寺山《しおんじやま》古墳とでは、水の祭儀場を造形するにあたって、建物と屋内の導水施設を造形する素材（土製・木製）が逆になっているのです。そこに気づかなければ、古墳の原風景に近づくことはできません。

最近、津堂城山《つどうしろやま》古墳（大阪府藤井寺市、全長二一〇メートル）の報告書が刊行されました。古市古墳群が形成される初期の大型壺形墳（前方後円墳）です。その内濠に築かれた島状遺構には著名な水鳥形埴輪とともに、木製の小建物が設置されていたらしく、千木や大棟上部の飾り板とみられる部材が出土していることを知りました。家形の形象が埴製（家形埴輪）だけではないことをうかがわせる資料です。

少し話はそれますが、囲形埴輪の鉤の手に造形された入り口（門）部分に目を向けてください。縦長で長方形に空けられた門の上端には連続する三角形、いわゆる鋸の歯のような形が表現されています。この連続三角の文様には、魔除けの意味があったと考えられます。宝塚一号墳の囲形埴輪では入口の部分の上端にだけ四つの三角が連なって造形されています。東国の壁画古墳として知られる虎塚《とらづか》古墳（茨城県ひたちなか市）の横穴式石室の玄門部で、玄門の両側に立つ柱石と、その上に渡されたまぐさ石には、閉塞石をはめ込むため、断面がL字形の切り込みがあって、その閉塞石との接合部分に連続三角文が赤色で描かれていました（図21）。閉塞石をはめ込むと全く見えなくなる部分に描かれる連続三角文が魔除けの意味をもつことは明らかでしょう。被葬者が眠る聖なる空間に参入する入り口を、魔除けの三角

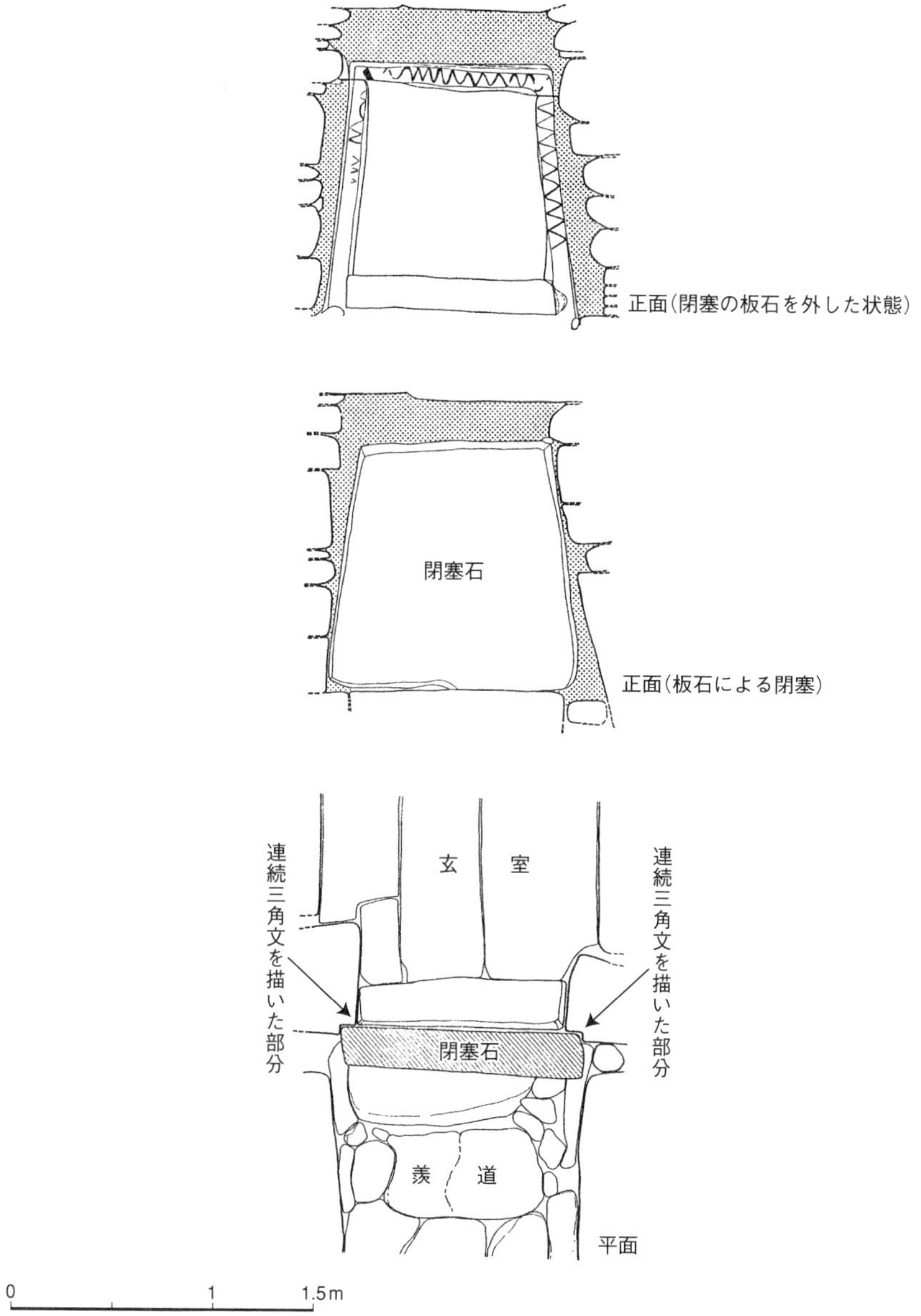

図21 三角文の心意（虎塚古墳の玄門部）

文によってガードしたのです。囲形埴輪の上端に表現される連続三角文に通じるではありませんか。ここでも「見えない部位」に表現される「かたち」に気づかされます。

他界の王宮と水の祭儀

巣山古墳

さて二〇〇三年、馬見《うまみ》古墳群（奈良県広陵町）最大の壺形墳、巣山《すやま》古墳（全長二二〇メートル）の突出部（前方部）寄りの濠内から出島状遺構が発掘されました（図22）。

古墳の墳丘は円筒埴輪や葺石、また周濠で幾重にも結界され、余人が立ち入ることのできる空間ではありません。古墳はこの世に創出された他界空間であるというのが、かねてからのわたしの主張です。その他界空間（墳丘）から濠に向かって大きく突出して築かれた出島状遺構は、人びとに古墳世界の本質を見せつけるための仕掛けのように思われてなりません。

巣山古墳の出島状遺構の外側に向く長辺は緩やかな傾斜をもって大きく内側に切れ込み、小石を一面に敷き詰め、そこに濠の水が寄せ、渚《なぎさ》をイメージした景観と見てとることができます。そこは「他界の渚」なのです。海幸山幸の神話で、山幸彦が兄の鉤《つりばり》を探して訪れた海神宮《わたつみのみや》への入り口を『日本書紀』が「可怜小汀《うましおばま》」（麗しい小さな渚）と表現することにつながります。島状遺構の渚は他界への門戸と理解できるでしょう。

図22 巣山古墳の出島状遺構（奈良県広陵町）

出島状遺構周辺の濠内からは、建物・柵・盾・衣笠・水鳥・囲形などの各種形象埴輪が出土し、本来は出島状遺構の上に置かれていたとみて間違いないでしょう。柵形や建物、それに衣笠などの形象埴輪は、そこに貴人の屋敷を表出したとみることができ、水鳥形埴輪にヤマトタケルの伝承を重ねれば、その屋敷が被葬者の魂が往く他界にあたると観念されたと考えられます。わたしは、その空間を「他界の王宮」とよんでいます。

この出島状遺構の特徴は、その隅角部が大きく突出する点です。そこからやや大きな細長い石が倒れ込んだ状態で重なるように発掘されました。本来、この石は立てられていたとみられます。発掘されたその情景は、先ほどご紹介した城之越遺跡の湧水を流す石を貼った溝の合流点の景観（図16）に驚くほど似ています。

なぜこのような特異な景観をつくりだそうとしたのでしょうか。そこには明確な造形意志がみてとれます。その意志を説き明かそうと努めるのが、考古資料から歴史を語るわれわれの研究です。

水の祭祀は秘儀

先ほど城之越遺跡の情景を、神仙世界の具現にあると指摘しました。巣山古墳の島状遺構の突出部が、まったく同じ景観をつくりだしているわけですから、そこに神仙が棲む永遠の世界が造形されているとみなすべきでしょう。わたしは神仙思想が古墳文化に色濃く影響を与えていると考えています。

葬具である三角縁神獣鏡に鋳出された神像や銘文、墓室や被葬者に塗布される朱、なにより壺形をした前方後円形の墳丘は、壺の中に永遠の神仙世界をみいだした「壺中《こちゅう》の天」にほかなりません。こうした事象は、神仙思想を抜きにして古墳文化がありえないことを明晰に物語ってくれます。

城之越遺跡が聖なる水の祭儀場であったことは、先ほどお話ししました。おそらく出島状遺構の突出部も、そこが水の祭儀場であることを主張するための造形だったとみなせます。出土した囲形埴輪は、導水祭祀場を造形した可能性の高いものです。三ツ寺I遺跡でみたように、首長は祭政空間において水の祭りをおこなっていたわけで、それが首長の地域支配にとって非常に重要な意味をもっていたがゆえに、来世にあってもその祭儀をおこなうことで、首長として地域の支配が永遠に保証されると考えられたのではないでしょうか。

五世紀の後半、古墳上には首長の祭儀行為のさまを表現する人物埴輪が出現します。それまで、建物や器財の埴輪をもって造形してきた王権祭儀の場に、人物埴輪が配置されて祭儀の具体的な場面が表出されるようになるのです。なかには、𤭯《はそう》とよばれる注ぎ口の付いた小型壺を両手で捧げもつ女性埴輪があります。そのさまは城之越遺跡の溝から出土した体部に小さな穴をあけた多数の小型丸底壺の使用法を類推するのに役立ちます。郷ケ平《ごうがひら》六号墳（静岡県浜松市）や常楽寺古墳（島根県奥出雲町）などの出土事例に、その使用法がうかがえます（図23）。綿貫観音山古墳（群馬県高崎市）で、横穴式石室の入口に配置されていた人物埴輪群の中心に、両手で物を捧げる高位の女性像と、彼女に向きあって配置された胡坐《あぐら》を組む男性首長像が対になっていました。その女性が捧げ持つ物は失われていますが、おそらく𤭯でしょう。すなわち大御水《おおみもい》を首長に奉る乙女と理解すべきことは、これまでの話でご理解いただけたと思います。

さて、このような首長に聖なる水を献上し、それを首長が飲むことで、地霊を我がものとして、己が

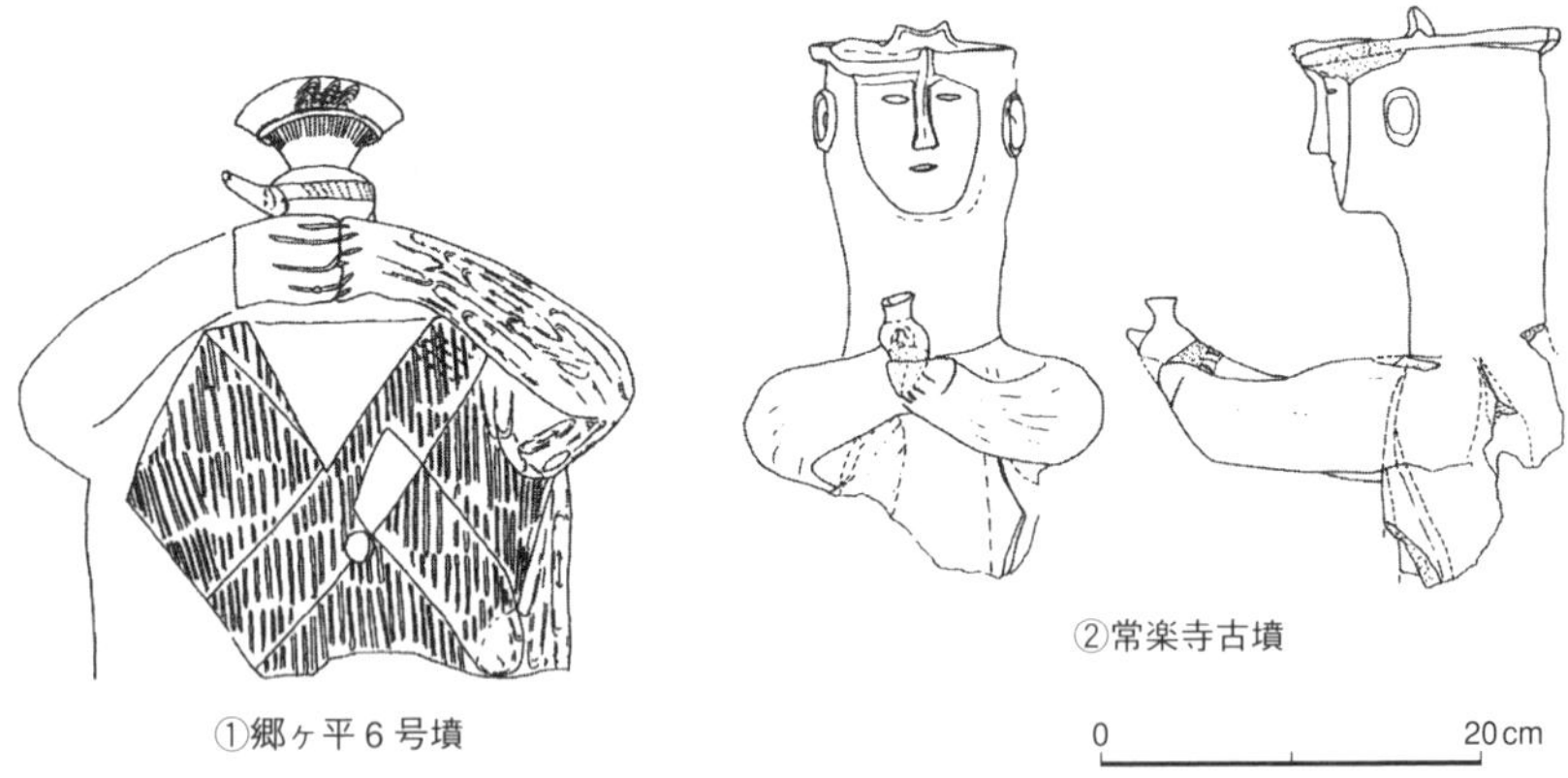

図23 聖水を捧げる女子埴輪

地域支配や命の永遠と繁栄を願うという心意をもった聖水の祭儀は、どうやら秘儀であったようです。奈良県の南郷大東遺跡のように木製の浄水施設は建物内に置かれていましたし、忌火を起こした火鑽臼《ひきりうす》や火鑽杵《ひきりぎね》をはじめ、松明《たいまつ》のような照明に用いられたらしき焼け焦げのある多数の木切れが出土し、閉鎖的な屋内空間での祭儀だったと考えられます。その南郷大東遺跡と同型の水の祭儀場を造形した心合寺山古墳や宝塚一号墳の家形埴輪は、鉤の手に突出した部分に入口をもつ塀をめぐらせた、囲形埴輪とよぶ施設のなかに置かれています。入口からは中の建物を見ることが不可能な構造になっていた点にも、その秘儀性がうかがえます。

　心合寺山古墳や宝塚一号墳の家形埴輪では、囲形埴輪を上からいくらのぞき込んでも、内部に造形された浄水施設を視認できません。外から見えないものまで造形する。この点に留意することなくして古代人の心に近づくことはできません。

　見られることを意識して形あるものはつくられるというのが現代人の思惟です。しかし、古代人の造形感覚は違うのです。その建物には浄水施設がなければならなかったのです。

人に見せるためのに造形するものではないのです。見えるとか、見えないという問題ではなく、それは被葬者のためになくてはならない施設だったのです。

しかも、そもそも秘儀であって、屋内でおこなわれる祭儀でしたから、囲形埴輪のなかに置く建物形埴輪の屋内に、浄水施設はあるべきなのです。

巣山古墳の島状遺構の上に囲形埴輪があったことは、発掘が明らかにしました。しかも、突出部の景観が水の祭儀場である城之越遺跡の景観にうりふたつでした。おそらく島状遺構には、古墳時代の首長祭儀のなかでも、とりわけ水の祭儀が大きなウエイトを占める儀式であったことを造形で示そうとした側面があったと理解されます。

この章のような考察をすすめてくると、われわれの祖先が大地から溢れ出る水に地霊の漲《みなぎ》りを体感し、そのエネルギーを獲得しようとしたさまざまな行為を、研究者は「祭祀」という言葉でよんでいるのだと考えることができます。はたしてみなさんにわたしの考える古代人の心をご理解いただけましたでしょうか。自然と対峙し、そこに神を見ようとした古代人に思いを馳せていただけたでしょうか。

3

LECTURE

ヒサゴと龍——水への思い

水田稲作農業になりわいの中心をおく弥生社会では、生活と生産にとって不可欠の水を安定的に確保し、また制御することが人びとの生きてゆくうえでの最大の関心事だったことでしょう。人びとが清浄な水の獲得と、河川を制御するために多大な知恵と労力を費やしたことは、さまざまな発掘情報と記紀などの古代伝承からうかがい知ることができます。人びとの水への思いは、日々の生活のなかで「祭祀《まつり》」という象徴的行為となってあらわれます。

本章では弥生時代から古墳時代前半を中心に、人びとが豊穣をもたらす水の霊力に働きかけたとみられる遺構や遺物から、往時の人びとの水への思いについて考えてみましょう。

ヒサゴの呪力

井戸を埋めるときに納められた土器

まず、姫原西《ひめはらにし》遺跡（島根県出雲市）で発掘された古墳時代初頭の井戸からみてゆきます（図24）。

この井戸は厚板縦組みの井戸側を据えた、深さ一・四メートル弱、直径四〇センチばかりの小さめのもので、底には土器の破片を敷き詰めて湧水の濁りを防ぐ工夫がされていました。

注目したいのは、井戸の使用を停止するにあたって、完形の土器八個以上を重ねながら埋め戻していたことです。土器は甕六点・直口壺一点・壺一点が復元されました。土器の名称は現代の研究者が土器を類別するために用いた名称であり、わたしも報告書の命名に従いましたが、いずれの土器も球形の体部をもつ点に留意すべきだと思います。

そして土器と土砂で井戸を埋めたのち、その完了を示すかのように、平らに埋め戻された井戸の上にあたる位置に、一個の円盤形をした径一〇センチばかりの敲石《たたきいし》（重さ七二五グラム）が据え置かれていました。発掘した時には、すべての土器が時間の経過とともに土圧がかかって潰れたために、敲石は井戸の中に落ち込んだように出土しました。敲石とは穀物や堅果類を磨り潰すために用いる道具で、一方の先が擦り減っていることから道具としての使用がわかる石器です。この敲石は、それまで浄水をもたらしてくれた井戸を埋める作業の最終段階で、据え置かれたことが推察され、一連の埋め戻し作業の終了を告げるものであったようです。もちろん重ねられた土器のなかには井戸への感謝の意味をもっていろいろな供物、おそらく食べ物が納められていた可能性は考えておかなければなりません。

　この敲石の使用法は、同じ出雲市に築かれた弥生終末期の四隅突出型墳丘墓として知られる、西谷《にしだに》三号墓第一主体の覆土上面に置かれていた水銀朱が付着する円礫につながる思いが認められます。この円礫は石杵とみられる水銀朱精製に用いられた道具で、磨り潰すという使用法において敲石と同じ属性をもった石器です。それが墳丘への埋葬が完了したことを語るかのように、墓坑埋土の最上部に置かれ、それを中心に多量の祭儀用土器が集積されていました。

　なお井戸内に重ね納められた甕のいずれもが、外面に著しい煤状炭化物の付着が認められ、それらが日常の煮炊きに使用された土器だったことを物語っています。

　井戸を埋めるに際して、幾つもの完形土器を土砂とともに埋め込む呪的な習俗は、各地の弥生遺跡で確かめられます。

　弥生時代の拠点集落遺跡として知られる唐古・鍵遺跡（奈良県田原本町）の第三三次調査で発掘された後期前葉の素掘り井戸（上縁径約一・七メートル、深さ二・五メートル）では、一度に埋め込まれたとみられる上半部の土層からは木片や植物遺体に混じって三〇個体ほどの完形の土器が出土しました（図25）。土器の大半は、球形の体部からまっすぐ伸びる頸をもつ長頸壺でした。

　同遺跡第二〇次調査で検出された井戸では、井戸内の埋土から完形の壺のほか、八点の卜骨《ぼっこつ》が出土し、さらに祭儀行為にともなうと推察される獣骨・貝・植物遺体も含まれていました。井戸を埋める際に、一定の祭式に従った食物の供献《きょうけん》行為が存在したと考えられます。

　先ほどの第三三次調査で発掘された井戸では、底からも一つの長頸壺が完形で出土し、さらに同じ調

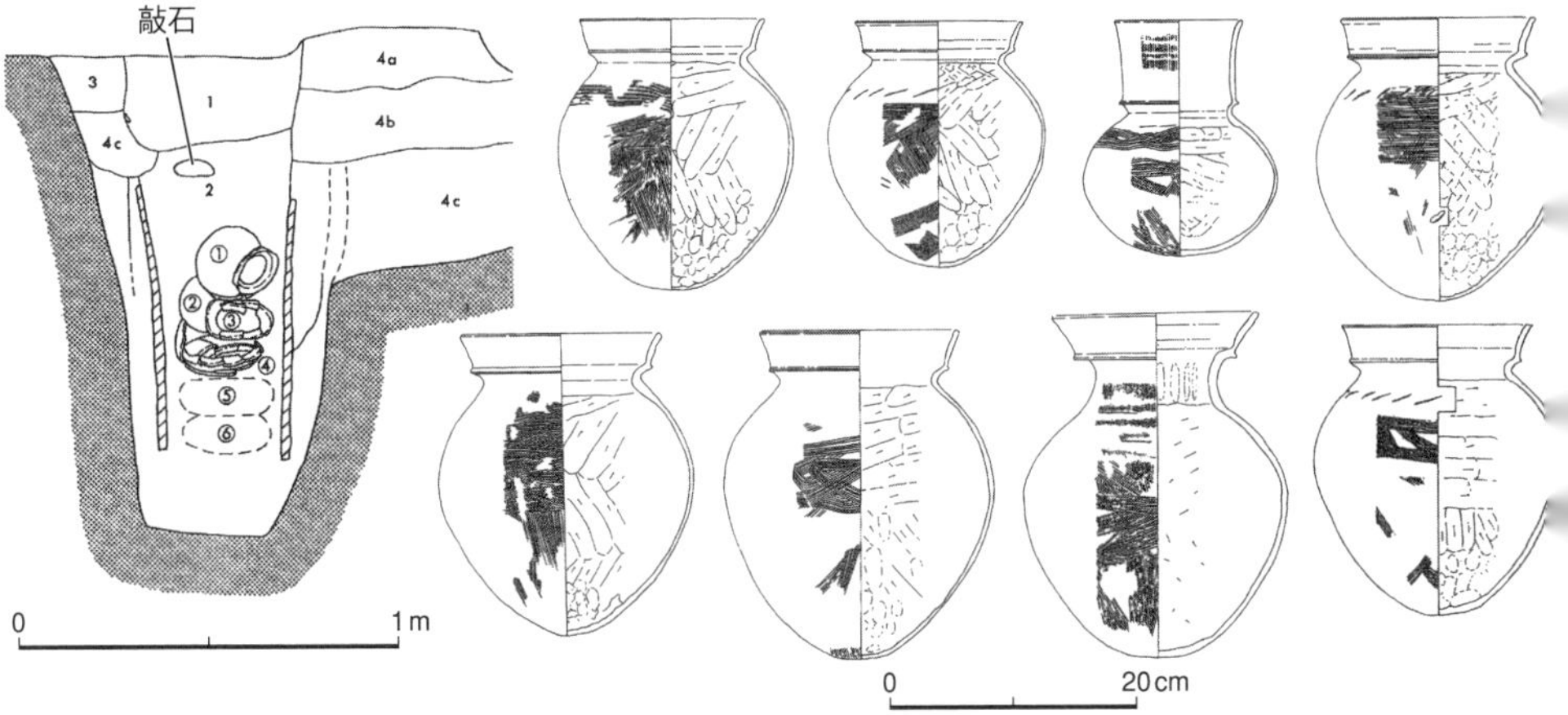

図 24 姫原西遺跡（島根県出雲市）の井戸と納められた土器

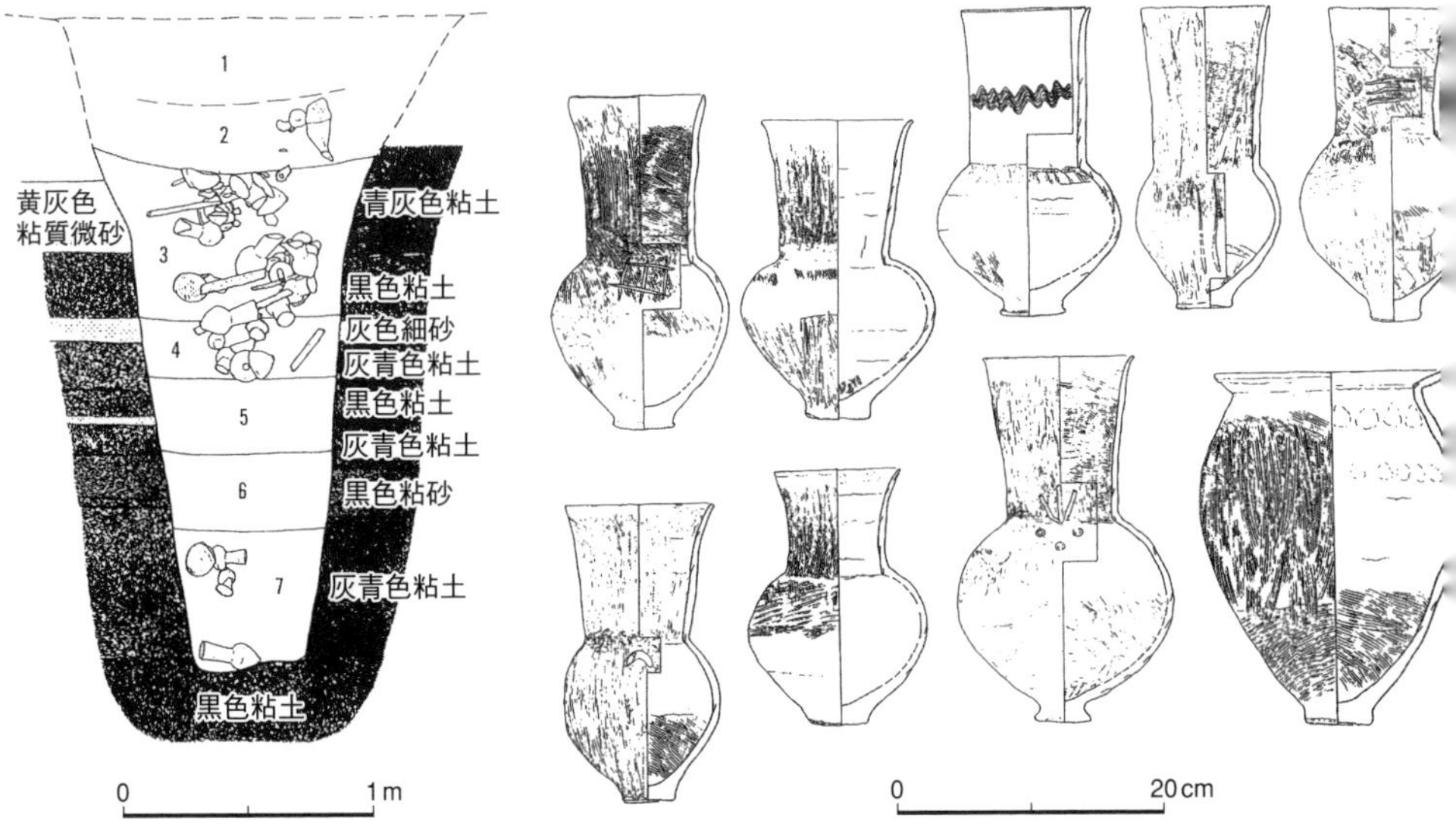

図 25 唐古・鍵遺跡（奈良県田原本町）第 33 次調査で発見された井戸と納められた土器
（左下が最下層出土）

査でみつかった弥生後期の他の井戸の底からも重なるように広口壺五個が出土しました。そこに、井戸の開削にあたって壺を沈める習俗の存在が指摘できそうです。

このような井戸の埋没状況を整理した田原本町教育委員会の藤田三郎さんは「井戸内より出土する壺は井水が豊富に湧き出ることを祈り、また、井戸の埋没に際しては井神に供献するという行為の結果である」(「弥生時代の井戸」『考古学と技術』同志社大学考古学シリーズ刊行会、一九八八年)と考えました。従うべき見解だと思います。

井戸を開くときにも土器を納める

井戸開削時の呪的習俗について、九州の事例も紹介しておきましょう。

有田《ありた》・小田部《こたべ》遺跡群(福岡市)の第三次調査で発見された井戸は、直径一・八五メートル、深さ三・一メートルの弥生時代中期後葉の素掘り井戸です。ひとたび砂質通水層にまで掘り込まれた井戸の底が湧水によって崩れるのを防ぐため、通水層まで掘ってすぐ、井戸の底に二〇~三〇センチの厚さに粘土を貼りつけ、そこに四〇×五〇センチの穴をあけて湧水をとり込む工夫がされていました。そして井戸底に粘土を貼る過程で二個の完形壺が埋め込まれていました。壺は丸みをもった算盤玉形の体部から細く伸び上がる頸が大きく外反したのちに小さく内湾する器形の、いわゆる袋状口縁壺とよばれるもので、外面は丹塗《にぬ》りされ、格別の意図をもって埋められた土器であることがうかがえます(図26)。同じ福岡市の板付《いたづけ》遺跡でみつかった井戸の底にも二つの丹塗り袋状口縁壺が沈められていました。

井戸が開かれた折にも、またその停止にともなう祭儀にも、壺や甕といった中空構造をなす土器が納

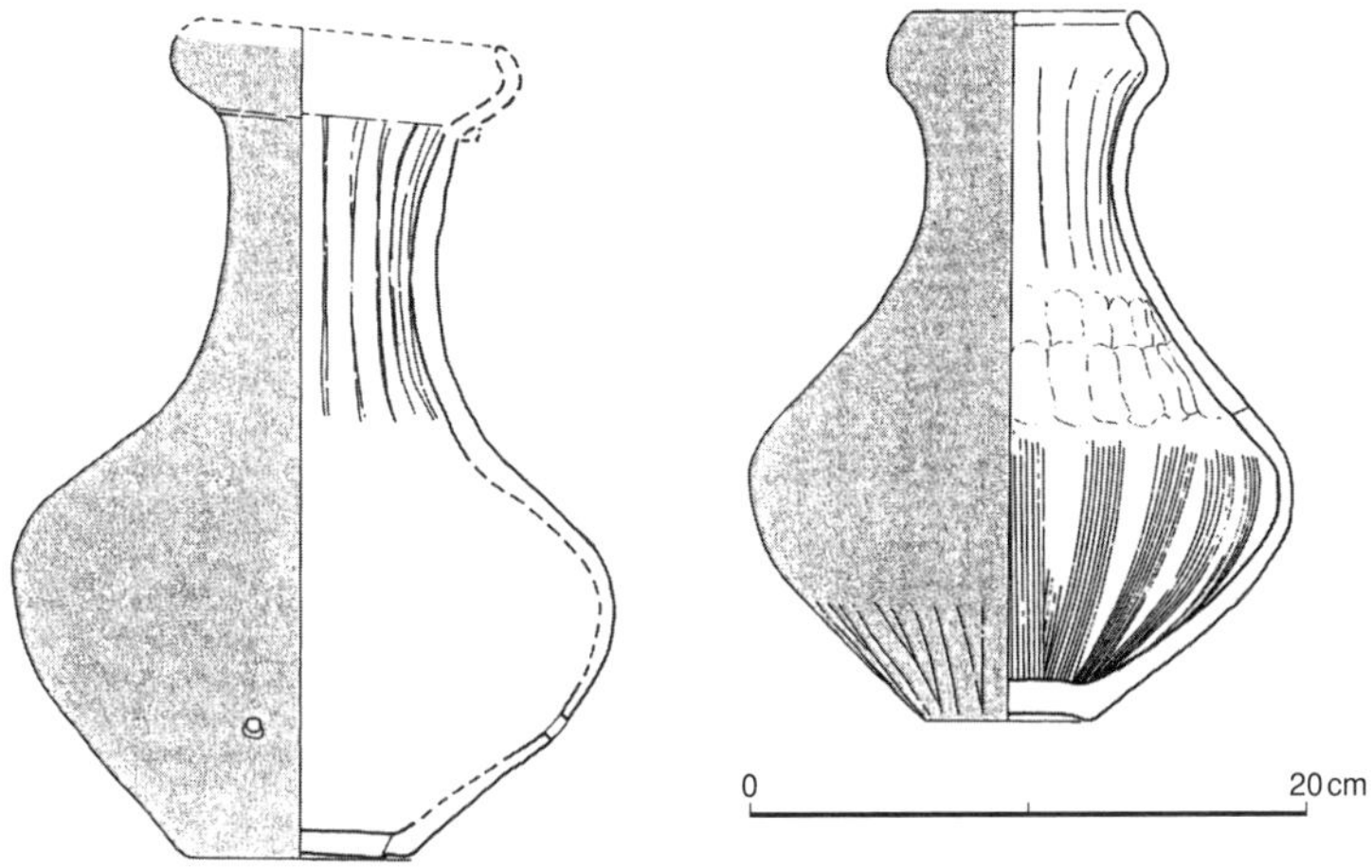

図26 有田・小田部遺跡群（福岡市）第3次調査で発見された井戸底に埋め込まれた袋状口縁壺

められるのです。その習俗の背後にある古代の人びとの思いに、いますこし立ち入ってみることにしましょう。

河川のまつり

唐古・鍵遺跡の南西にある保津《ほっ》・宮古《みやこ》遺跡（奈良県田原本町）では、幅三～五メートル、深さ〇・六メートルばかりの蛇行する弥生後期の小河川の川端に五点の土器（壺一点・甕二点・鉢二点）が並んで据え置かれた状態で検出されました。これらの容器が空の状態で並べられていたとは考えられません。供物を捧げ、河川の神を祭る行為の存在がうかがえます。

また、古墳時代の入佐川《いりさがわ》遺跡（兵庫県豊岡市）では、最大幅一一・五メートル、深さ〇・六メートル余の河川の北岸から、全長約五〇メートルにわたり幅約五～一〇メートルの堤防が発掘され、堤防の上から川端にいたる斜面に多数の土師器が帯状に重なって出土し、堤防上で河川への祭祀がおこなわれたと類推されます。土器の大半は壺ですが、甕や高坏、鉢も含まれていました。また付近からは石釧《いしくしろ》片が出土し、藤江別所《ふじえべっしょ》遺跡（兵庫県明石市）や石川条里《いしかわじょうり》遺跡（長野市）など、水が祭祀に重要な役割を果たしたとみられるほかの遺跡での石製腕飾類の出土と関連して興味深いものです。

また河内平野の中央、山賀《やまが》遺跡（大阪府八尾市）では幅約三〇メートル、深さ一・六メートル前後の河道を埋める粗い砂の最下層から、胴部上半に帯状の赤彩文様をめぐらせた弥生前期の壺が完形で出土しました(図27)。壺のなかにはヒサゴ（ヒョウタン）の、その大きく膨らんだ部分に円窓状の穴をあけて容器とした品が納められていました。ヒサゴの上半部は細長くのびあがり、容器の把手としての役目を果たしたようです。ちょうど柄杓《ひしゃく》のような用途を考えればよいでしょう。山賀遺跡から出土した土器のなかで赤彩文が施された土器は、ほんの数個の限られたもので、しかも壺に限られ、どうやら格別の用途に用いられた容器であることをうかがわせます。くだんの壺に描かれた文様帯は一四に区画され、うち連続する一二の区画には木葉文系統に属する図文を隣同士が対称となるように配置し、残りの隣り合うやや大きな二区画には中を重圏文で埋め、まるで眼を描いたかと思われる図文であるのも気になります。

ヒサゴの呪力

『日本書紀』の仁徳天皇条には、ヒサゴが荒ぶる水神を圧服させる呪力ある祭具であったことを語る二つの説話があります。

ひとつは、十一年十月条の茨田《まんた》の堤の話です。河内国の茨田堤を築くにあたり、天皇は神託にした

図27 山賀遺跡（大阪府八尾市）出土の彩文土器と中に納められたヒサゴ形容器

がって武蔵人強頸《こわくび》と河内人茨田連《まんたのむらじ》衫子《ころものこ》を河伯《かわのかみ》（河神）に奉ろうとします。強頸は人柱となって水に沈みますが、衫子は二つのヒサゴを河に投げ込むことで、ヒサゴを沈めることができなかった河伯を鎮撫し、人柱とならずに築堤が完了したというものです。

もうひとつは六十七年是歳条に語られる、吉備中国にある川嶋河の淵に棲み人びとを苦しめる大虬《みつち》（水神）を在地豪族の笠臣の祖、県守《あがたもり》が鎮める説話です。県守は三つのヒサゴを河に投げ込み、水神は白鹿に化現してそれを沈めようとするが失敗、大虬とその仲間はことごとく県守に伐たれ、その淵は県守淵とよばれたと語られます。いずれにもヒサゴが水神を鎮撫するための呪物であることが語られます。

さらに『古事記』仲哀天皇段には、神功皇后の新羅への渡海にあたり、皇后の船団は「（住吉三神の）御魂を船の上にませて、真木の灰を瓠《ひさご》に納れ、また箸と比羅伝《ひらで》（柏の葉でつくった平たい食器）を多《さは》に作りて、皆々大海に散らし浮けて」大海を押し渡ったと語られます。海（水）神を鎮める呪具のひとつにヒサゴがみえる点も無視できません。

また『延喜式』に載せられる鎮火祭《ほしずめのまつり》の祝詞《のりと》に、荒ぶる火神を鎮めるには「水の神・瓠・川菜・埴山姫をもちて鎮めまつれ」と、ヒサゴには火伏せの効能が大きいとも信じられていたことがうかがえます。水に沈むことのないヒサゴで作った杓（柄杓）をもって水を汲むがゆえに、ヒサゴに水を操る呪力があるとみなされたのでしょう。

大場磐雄氏は「民具の考古学」（『大場磐雄著作集』第五巻、雄山閣、一九七六年）という小文のなかで、埼玉県の金鑽《かなさな》神社で鎮火祭に使用されるヒサゴ製杓の写真を紹介しています。『倭名抄』には杓について「音酌比佐古」とみえ、古名はヒサコであってヒシャクはそれが訛った語であるとみえます。もとの形がヒョウタンの果実であるヒサゴに由来することをよく語っているではありませんか。

さらに「神楽歌」に、神楽を舞う人が手に持ち、神の依代ともなる聖なる採物《とりもの》として、榊・幣《ぬさ》・杖・篠・弓・剣・桙・葛とともに杓がみえ、それで聖なる井泉の清水を汲むことが歌われるのも、先人のヒサゴへの思いがよくわかります。

ヒサゴと杓

山賀遺跡での壺に納められていたヒサゴ製容器と同じ形状をした土製品は、古墳時代の祭祀遺跡からしばしば出土します。なかでも三輪山祭祀遺跡群（奈良県桜井市）の著名な磐座遺跡、山ノ神遺跡出土の土製形代類のなかにみえる資料は代表的なものとして知られています（図29②）。また同遺跡出土資料のなかにはスプーン状の形代もあって、これも杓を表現したものでしょう。

福岡市にある雀居《ささい》遺跡の第一三次調査の井戸（古墳時代前期）では、下層近くからヒサゴ製杓を思わせる土製品が壺と手づくね坏といっしょに出土しているのも注目されます（図28①）。ともに出土した碧玉製管玉とあわせ、そこに祭儀性をみることができそうです。すなわち井戸から汲み上げた水を壺に満たし、杓を用いて坏に注ぎ飲む所作が想像されます。同様の風景を連想させる事例に、弥生後期の比恵《ひえ》遺跡（福岡市）第五八次調査の井戸出土資料があります。井戸底より一木から削り出した柄杓の優品と壺、それに手づくねの小壺が出土しました（図28②）。先の雀居遺跡の井戸とよく似た組み合わせではありませんか。

それに関連して、保渡田八幡塚《ほどたはちまんづか》古墳（群馬県高崎市）の内堤で発掘されたA区形象埴輪群の中央には、

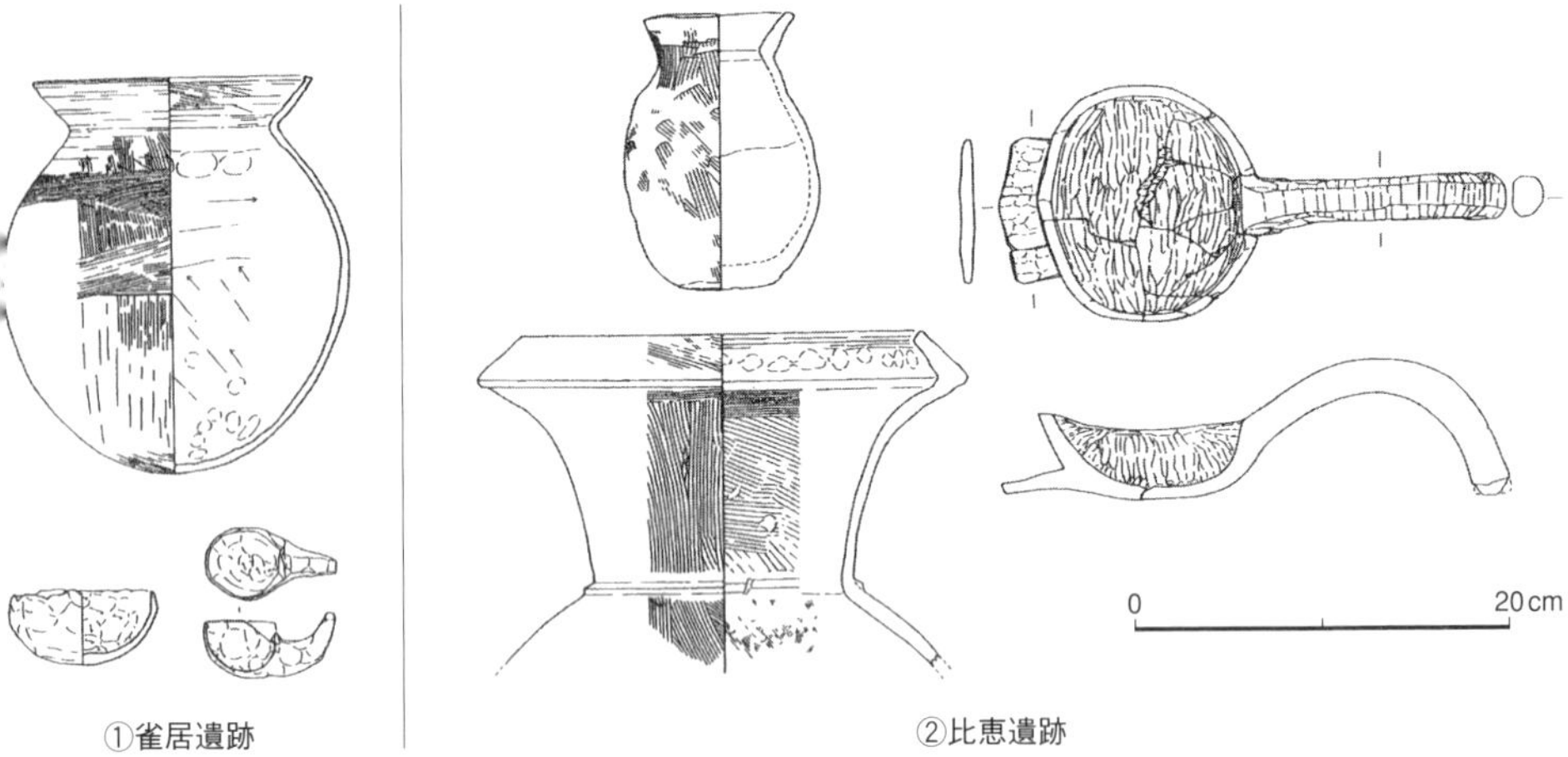

図28 井戸に納められた壺・手づくね土器・柄杓

円筒の台上に壺を載せた形象埴輪があります。そのなかに山ノ神遺跡例と同形の柄杓を写した土製品が納められていた事実は、それが壺とセットをなす道具であることをよく語っています（図29）。保渡田八幡塚古墳は全長九六メートルの壺形墳（前方後円墳）で墳丘を内・外の二重堤と内堀・外堀、さらに外堤の外周を区画する溝からなる広大な兆域（墳丘域）をもつ上毛野《かみつけの》を代表する首長墓です。近年では兆域内の整備が完了し、近接して立地する同規模の壺形墳、井《い》出《で》二《ふた》子《ご》山《やま》古墳もつづいて整備され、そこに葬られた首長が経営したとみられる三ツ寺Ⅰ遺跡（高崎市）などの出土資料とともに「かみつけの里博物館」が設けられました。ぜひ見学していただきたい遺跡公園です。

　この保渡田八幡塚古墳のA区形象埴輪群とは、突出部（前方部）正面側の中堤の両縁を幅約四・五メートルの間隔をもって並ぶ円筒埴輪列の間を約一〇・七メートルばかりに円筒埴輪を並べて矩形に仕切り、その内側にさまざまな人物や動物を形象した埴輪を配置したもので、往

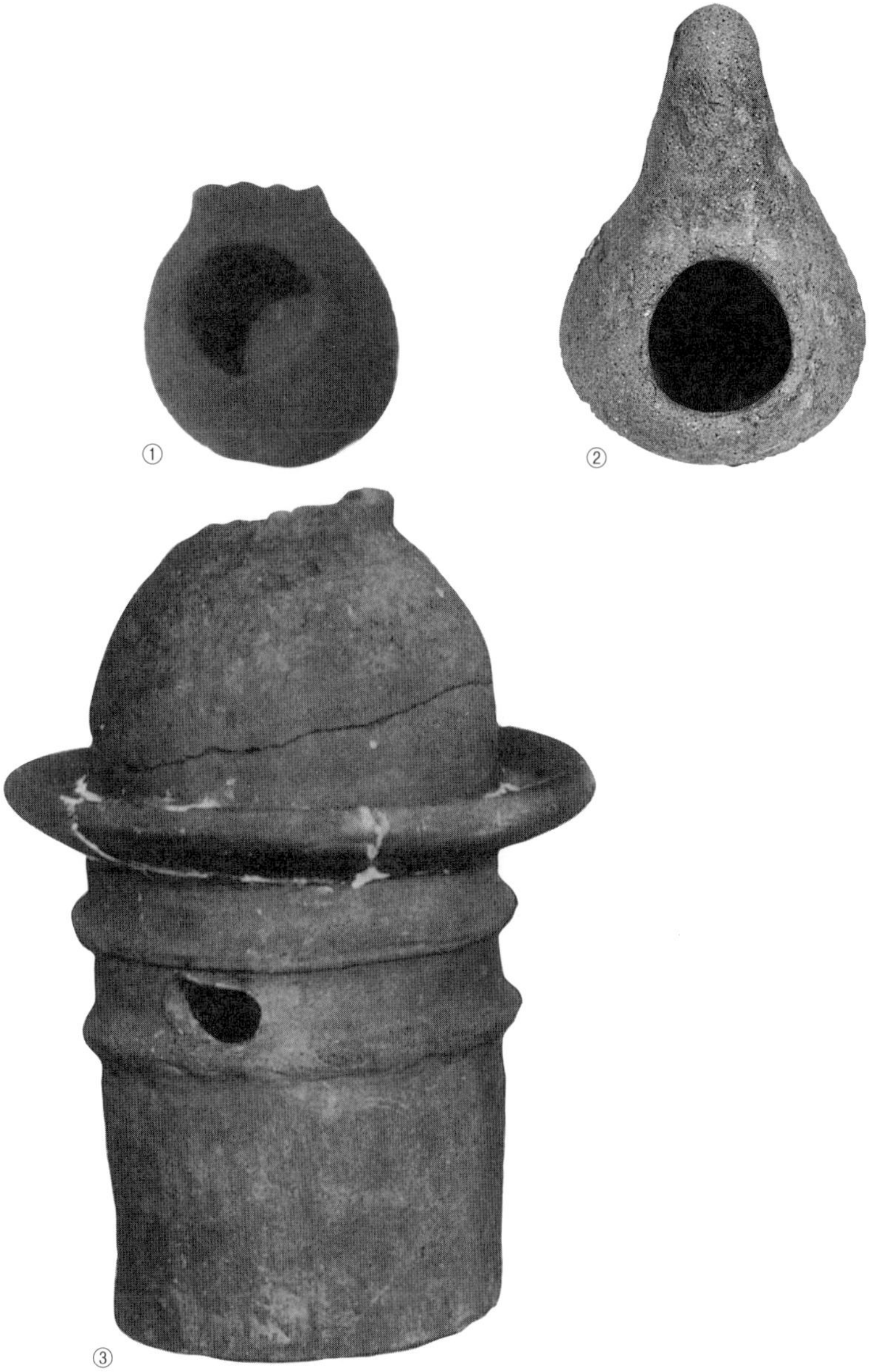

図29　ヒサゴ製容器を写した土製品①と、それを納めた壺形埴輪③（群馬県高崎市、
保渡田八幡塚古墳）
②は山ノ神遺跡出土のヒサゴ形容器（奈良県桜井市）

時の王権祭儀のさまを思い起こさせる埴輪群です。ほぼ中央には椅子に座す首長とみられる男子像と彼に坏を捧げる女子像、そのわきには椅子に座して琴をひく男子像が集まった部分があって、そのかたわらにくだんの柄杓形土製品を納めた壺の形象埴輪が置かれていました。ということは古墳時代の王権祭儀のなかで、壺のなかにある水、または酒を汲んで飲むという飲食儀礼のおこなわれていたことが推察されます。女子像が捧げる坏の中身が、その壺から柄杓を用いて汲みとられた聖なる水だったのではないでしょうか。ヒサゴ製の杓が古代王権祭儀のなかで用いられる祭具として存在したことがわかります。

ヒサゴ形土器の造形心意

先に井戸の開削時や使用停止にともなう埋め立てにあたり、完形土器を納める呪的習俗の存在を指摘しました。近畿地方では長頸壺が、九州地方では丹塗《にぬ》り袋状口縁壺がしばしば用いられるほか、壺や甕といった中空構造の土器がよく用いられた事実に目を向けないわけにはいきません。わたしは長頸壺や袋状口縁壺の器形にヒサゴの形状が観念されたと考えたいのです。

民俗学の飯島吉晴氏はヒサゴを「すべてのものを中に収め、すべてのものを生み出す宇宙そのもの」（『一つ目小僧と瓢箪』新曜社、二〇〇一年）と言っています。水を鎮める霊力をもつヒサゴが、命の根源である水を永遠に吐き出してくれるという期待が、ヒサゴ形土器（壺）を井戸に納める習俗の根源にあるとみなすことができると思います。井戸もまたウツロな空間です。そこに湧出する尽きることのない水は、異界の生命力の表象にほかなりません。ウツロな空間に納められた中空の土器。井戸開削時には尽きることなく豊かな水に恵まれることへの期待と願いがあり、井戸を埋めるにあたっては大地に力を吹き込む（戻す）ためにヒサゴ形の土器が埋め込まれたのでしょう。

観想される龍――水神という認識

水の精霊

仁徳紀にみえる吉備中国の川嶋河の淵に棲み、人びとを苦しめた大虬《みつち》を圧服する説話については先に触れました。「みつち」とは「水ツ霊」「巳ツ霊」を意味し、まさに水の精霊にほかなりません。蛟・爬・虹・虬・鮫とも表記しますが、いわゆる龍を思いおこしたものと考えられます。境部王《さかいべのおおきみ》が詠んだ万葉歌に「虎に乗り古屋《ふるや》を越えて青淵《あおぶち》に鮫龍《みつち》とり来む剣刀《つるぎたち》もが」（巻第十六―三八三三）とみえ、淵に棲む「水ツ霊」を「鮫龍」と表記するのも参考となるでしょう。

『常陸国風土記』行方《なめかた》郡条は、「蛇を謂ひて夜刀《やつ》の神と為す。其の形は、蛇の身にして頭《かしら》に角あり。（中略）凡《すべ》て、此の郡《こほり》の側《かたはら》の郊原《のはら》に甚多《いとさは》に住めり」とあり、夜刀（谷）の精霊が頭に角をもつ蛇だと見えます。また、同じ説話でその精霊を「神蛇」とも記述し、夜刀に湧く清泉を堰き止めた池（椎井の池）に群れたとみえます。そこに水霊として龍を観念したことがわかります。同じ風土記の香島郡条には、浜に穴を掘って東の海に行こうとする有角の大蛇の説話があり、いずれも龍を念頭においたものであることがわかります。さらに別伝には「倭武《やまとたける》の天皇、此の浜に停宿《やど》りまして、御膳《みけつもの》を羞《すす》めまつる時に、かつて水《みもい》なかりき。やがて、鹿の角を執《と》りて地《つち》を掘るに、其の角折れたりき」という話が載っています。先の川嶋河の淵に棲む大虬が白鹿に化現したとする仁徳紀のくだりをあわせ想起すれば、水の表象のひとつに鹿があることがわかるでしょう。それは弥生土器や銅鐸に描かれる絵画の理解にも役立つ説話だと思います。

土器に描かれる龍

弥生時代の土器絵画に龍の図文があることははやくから指摘されてきました。一九七〇年頃におこなわれた、第二阪和国道建設にともなう池上曽根《いけがみそね》遺跡（大阪府和泉市）の調査で発掘された井戸でも、最下層の黒色腐食土層からほぼ完形の壺が八個出土しています。そのなかに絵画をもつ長頸壺が二点含まれていました。その一つがよく知られる龍の図文を描いた資料です（図30①）。横位のS字形にくねらせた体部に四肢や雲気が鉤状の突起で表現され、龍をデフォルメした図文であることが知られます。よく似た図文は船橋《ふなはし》遺跡（大阪府柏原市・藤井寺市、図30②）や八尾南遺跡（大阪府八尾市）でも確認され、後者は竪穴住居跡の排水溝からの出土で、これまた水に関する呪的習俗にかかわる遺物であることを十分うかがわせます。

また六大《ろくだい》A遺跡（三重県津市）では、川辺の湧水点を活用した複数の素掘りの井泉が検出され、その周辺からいくつかの絵画土器が出土しました。なかでも台付長頸壺の体部の両側面に描かれた線刻画（図30③）は、龍の姿をさらに抽象化した興味深いものでした。それは、①や②の龍の図像に特徴的な尾や四肢、さらに雲気をデフォルメした鉤状文を組み合わせた図形（③右）と、両端に蛇の尾のような細長くうねる鉤状文を配置した狭長な矩形を連続三角文で埋めた図形（③左）で、後者の連続三角文は龍を象徴するいわゆる鱗文にあたると理解されます。

いま少し龍を描いたと思われる土器絵画について、中国地方の事例を幾つか紹介しておきましょう。まず下市瀬《しもいちせ》遺跡（岡山県真庭市）で発掘された弥生後期の井戸では、浅い井桁が組まれ、その一辺中央に立てられた杭の上には紐を結び付けたような刻みがあって、その直下から高さ六・六センチの小銅鐸が出土しました。銅鐸の鈕の内側の一部は大きく擦り減っていて、長い間ぶらさげられていたことがうかがえる状況です。鐸の中に舌《ぜつ》をぶら下げて鳴らしたと考えられます。杭にぶら下げられた小銅鐸が水を汲むたびに鳴らされたことが復元され、そこに水に対する祭儀の存在が知られます。この井戸とその周辺からは丹塗りの装飾壺や小型丸底壺、手づくね土器など、祭祀に用いられたとみられる土器が幾つも出土しました。

なかでも大きく立ち上がる壺の口縁端面に描かれた線刻絵画はひじょうに興味ある資料です（図30④）。S字状の三つの渦文を横に連ね、それに向かうかのように長い棹状の武器を振り上げる男性像が描かれています。身をくねらせる龍に立ちむかう人物のようではありませんか。『常陸国風土記』行方郡条に語られる、武装して夜刀の神を駆逐した箭括麻多智《やはずのまたち》の姿を重ねみることができます。

また百間川原《ひゃっけんがわはら》尾島《おじま》遺跡（岡山市）では、弥生後期の井戸に納められた多数の完形土器群のひとつに、体部に赤色顔料でS字渦文を横に並べて四つ描いた台付長頸壺が目を引きます（図30⑤）。それが長頸壺であり、井戸を埋める呪的祭祀に使用された完形土器であることを考えれば、このS字渦文もまた龍の表象と理解してよさそうです。

もうひとつ、同じ岡山市の加茂A遺跡出土の土器絵画を紹介しましょう。人面龍身の動物を描いた壺

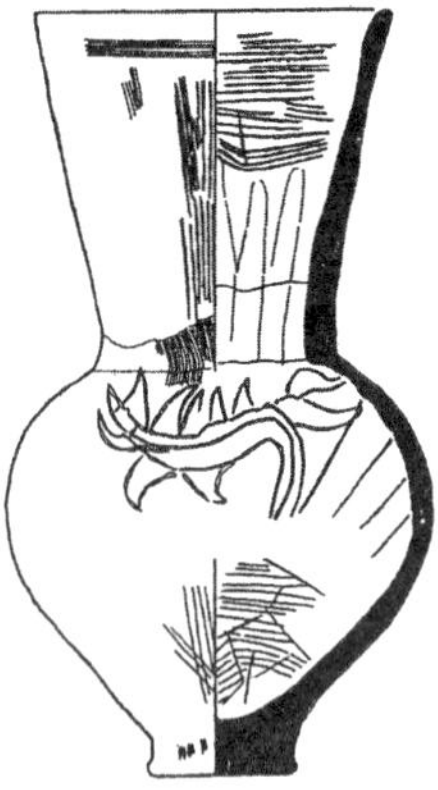

①池上曽根遺跡

④下市瀬遺跡

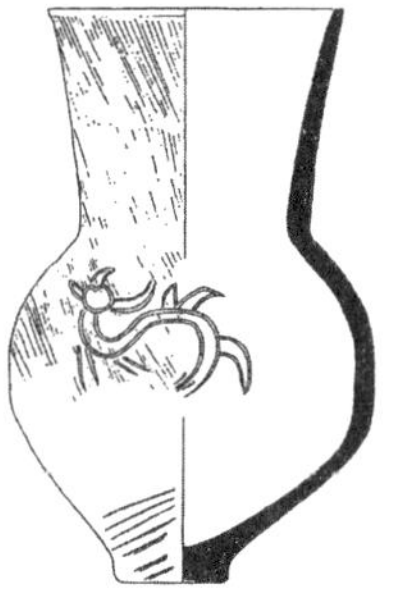

②船橋遺跡

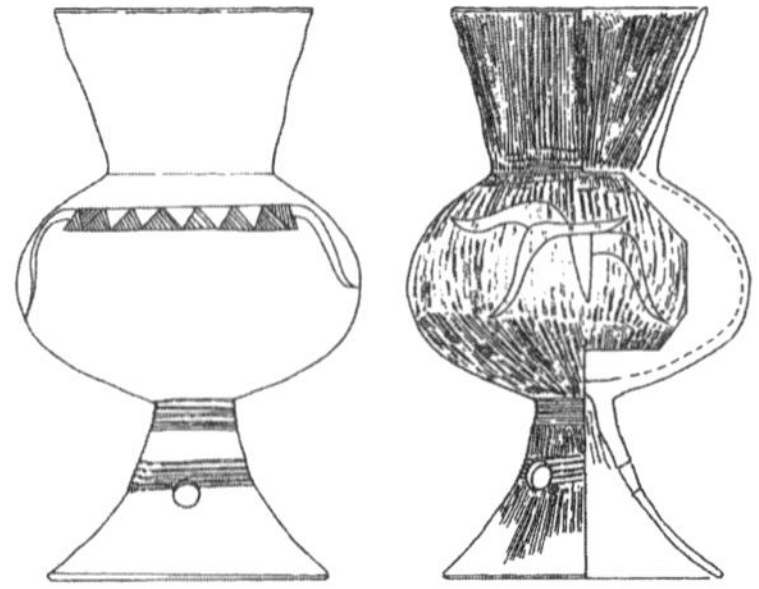

③六大 A 遺跡

0 10cm

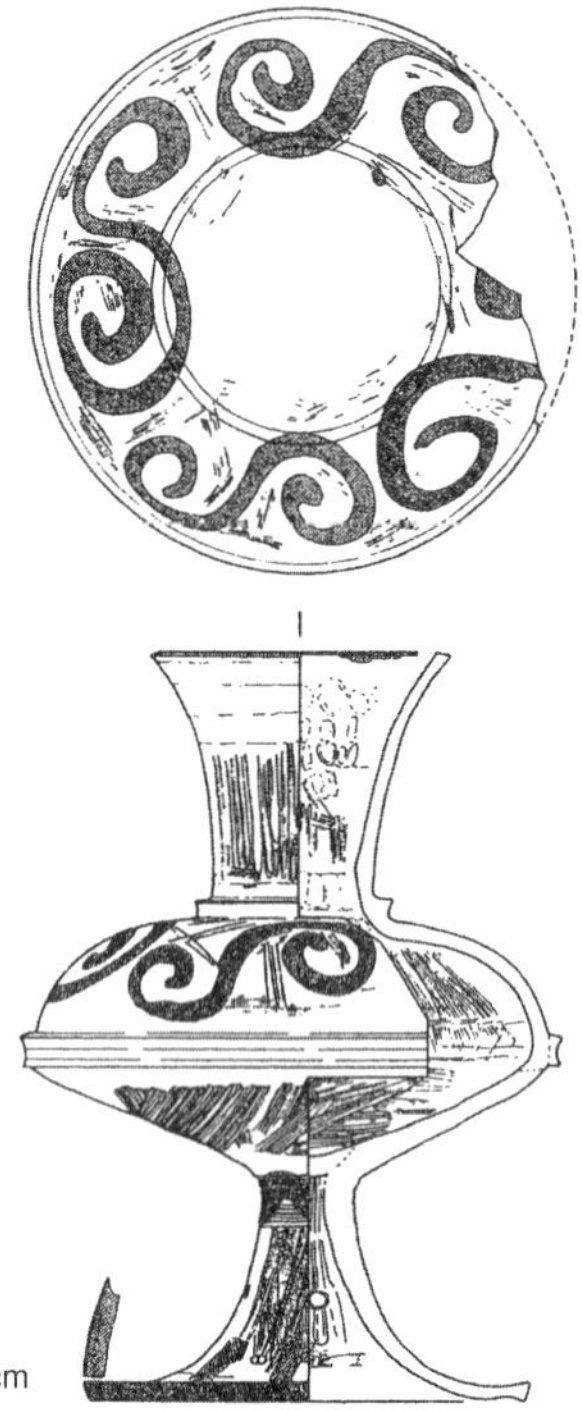

⑤百間川原尾島遺跡

図 30 龍を描いた絵画土器

の破片です。ハート形の輪郭線で描かれた人面には目や口がみえ、くねる体部には鱗を表現した綾杉状の文様が刻まれます。こうした異形の動物は中国の地理書の嚆矢である『山海経《せんがいきょう》』（戦国時代〜漢代）の「西山経」に表現される、鼓《こ》という人面龍身の怪獣を連想させます。また同じ『山海経』の「海内東経」にも人面龍身の雷神が腹を叩いて雷鳴を発するさまが記述され、そこに水（雨）神の姿が連想されます。それは、さまざまな中国の文物が当時の列島に流入していた様相を垣間見せていますし、当然それら文物の背後にある思想や宗教が稲作文化複合としての、弥生文化の母胎にあったことをうかがわせています。

あのヒサゴ製容器を納めた山賀遺跡出土の彩文土器に再び目をやれば、一四に区画された文様帯のなかで隣り合う二つの区画だけがやや大きく、そこに描かれた重圏文を龍の眼に重ねて見ることも、もはや難しいことではないでしょう。

LECTURE 4

他界の王宮

壺中の天

古墳は墓

この章では、古墳文化を生み出した思想的・宗教的な背景について考えてみましょう。

まず、わたしたちは「古墳は墓である」という事実に目を向ける必要があります。あたりまえのことですが、従来の日本考古学は全国におよぶ古墳の分布状況と墳丘規模の大小、そして副葬品の内容とその量などから、それぞれの古墳被葬者相互の政治的・社会的な関連性と、階層性を見いだすことに関心が集中し、古墳という喪葬文化を生み出した思想や宗教に積極的な目を向けてはきませんでした。これは大いに反省する必要があります。

古墳の誕生と神仙思想

わたしは前方後円とよんでいる古墳の形が壺に由来すると考えるようになり、いろいろな著作で論じてきました。そもそも縄文時代には壺や甕に死体を納める壺棺葬や甕棺葬があり、弥生時代にも北部九州地方には甕棺葬があり、また近畿地方の方形周溝墓でも壺や甕が埋葬の容器として使用されました。死者を壺や甕などの容器に納め、地中に埋めるという葬送習俗の基底には、いわゆる母胎回帰という観念がうかがえます。ですから墓の形を壺形に造るという発想が生まれても、人びとは容易に受け入れることができたのだと思います。しかしそうした自生説だけで、前方後円形をした巨大墳墓の内容を理解することは困難です。

前期古墳を中心に、銅鏡が大量に副葬される事実はよく知られています。とくに三角縁神獣鏡という直径が二二センチ前後の大型銅鏡が好まれたことは、黒塚古墳（奈良県天理市、図31）や椿井《つばい》大塚山古墳（京都府木津川市）などからの三〇枚を超える副葬例から明らかで、すでに同種の鏡はこれまで全国から五〇〇枚以上の出土があり、未発掘の事例を考えたなら、その五倍以上の数が生産されたとみてよいでしょう。この鏡は古墳の副葬品として出土し、豪族の居館とみられる遺跡からはまったく出土しません。鏡には古代中国の神仙や、その世界を守護する霊獣、さらに鏡を所持する人の永遠の命と福を極めるという効能を説く銘文が鋳出されています。それは中国の神仙思想がぎっしりと詰まった葬具なのです。また木や石でつくられた棺のなかには多量の朱が塗布されました。朱は、永遠の命をもつ神仙になる

最上の薬でした。さらには首長のシンボルである杖や貝製腕輪などを形象したさまざまな器物が石に写されて副葬されました。古墳のなかは時間の流れのない、死者が永遠の生を送る神仙世界と考えられたのです。古代中国の死生観が、古墳の誕生に大きな影響を与えていることは間違いありません。

四世紀前半、東晋時代の人であった葛洪《かっこう》が著したとされる『神仙伝』には、数々の神仙に関する物語がみえます。なかに壺公《ここう》という薬売りの老人と、町役人の費長房《ひちょうぼう》をめぐる話があります。壺の中に不老不死の別天地があるという「壺中の天」の説話です。

仙人である壺公は薬（仙薬）を商いしたあと、夕刻にはいつも壺の中に姿を消します。彼を凡人ではないと見てとった費長房が、仙人を追って壺の中に跳び込むと、そこは不老不死のユートピアでした。費長房はそこで数百歳の長寿と、もろもろの病を治し災難を除く力を得て現世に戻るという筋書きです。費長房が壺中で一日を過ごしたと思っていたのに、実は現世では一年ばかりが過ぎており、費長房はすでに亡くなったと考えられていたのでした。この話の主題は、浦島伝承や海幸山幸の神話とも共通することに気づかれたでしょう。

神仙思想で不老不死のユートピアとされた蓬萊《ほうらい》・方丈《ほうじょう》・瀛州《えいしゅう》という東海に浮かぶ三神山は、壺の形をしていたといわれます。倭国の女王、邪馬台国の卑弥呼が人びとを惑わせたという鬼道は、神仙思想のひとつと考えられますが、神仙が棲む不老不死の世界を壺の中に観念する考えもそこには含まれていたとみなすべきです。

▶図31 黒塚古墳に副葬された三角縁神獣鏡
（奈良県天理市）

ここで視点を埴輪に移して論を進めたいと思います。古墳の上には、まず円筒埴輪と器台に壺を乗せた形の朝顔形埴輪が、つづいて衣笠形埴輪が現れ、そこに家形埴輪のほか、甲冑形や盾などの武器・武具の埴輪、船などの器財埴輪が加わり、やがて五世紀後葉になって、ようやく人物を表現する埴輪が出現するという、古墳文化のなかでの埴輪に関する時間的な展開があります。ですから人物埴輪出現前の形象埴輪を中心に話を展開するほうが、より古墳文化の始源に近づくことができるのではないかと思います。

高廻り二号墳の埴輪世界

前方後円の形をとる大きな墓だけが壺に象徴される世界なのかというと、けっしてそうではありません。たとえば大阪市南部には、たくさんの小さな古墳が埋没しています。五世紀の群集墳、長原古墳群です。小さなもので、一辺が五メートル程度の方墳、大きな古墳でも二〇～三〇メートルの円墳で、総数は三〇〇基ちかくにもなるでしょうか。そのなかのひとつに高廻《たかまわ》り二号墳という直径約二〇メートルの円墳があります。墳丘の外側に濠がめぐり、内側には二段に築かれた墳丘があって、その一段目のテラス上を、高さ四〇～五〇センチの低い円筒の台のうえに組み合わせとなった壺形埴輪が一・七メートルばかりの間隔で一周していたことが発掘からわかりました。

壺形埴輪で囲まれた内側に死者を葬る墳丘の中心があるわけですが、八世紀頃、大阪平野に条里制地割を造成した際に墳丘盛土は削平され、その上面に置かれていた多数の形象埴輪は盛土といっしょに濠のなかに埋められてしまったのでしょう。もちろん、埋葬施設も失われてしまいました。周濠内からは、墳丘を崩した土と一緒に形象埴輪が細片になって出土しました。ですから周濠内を丁寧に発掘すると、古墳の上に本来置かれていた埴輪の風景が復元できるわけです。

家形埴輪は、少なくとも一一個体を数える多さで、ほかに盾と矢を盛る靫《ゆき》形、それに甲《よろい》形、また盾の上に冑《かぶと》をのせて盾の背後に聖域（墓）を守護する武人の存在をアピールする形象埴輪が家形埴輪よりもひときわ大きく造形して立てられました。家形埴輪はそれぞれ建築様式を異にして、首長の屋敷を表現したものと考えられます。さらには、衣笠形埴輪もあって、そこが高貴な階層に属する人物の屋敷であることを主張していますし、武器の埴輪はそこを守る意図をもって造形されたものであることは確かです（図32）。

これらの形象埴輪群が、被葬者の来世空間を表現したことは容易に理解できます。わたしはそこを「他界の王宮」とよんできました。くり返しますが、そこが壺（の形をした埴輪）に囲まれた世界であることを確認しておきたいと思います。

高廻り二号墳の濠からは船形埴輪がひとつ出土しました。ほとんどの形象埴輪は砕片となって濠のあちこちから散らばった状況で出土しましたが、船形埴輪だけは濠の底に横転した状態で完全な形で発掘されました。出土状況は、船形埴輪が当初からそこに置かれていたことを示しています。

濠は古墳を区画し、現世から結界する仕掛けと認識できます。そして墳丘上には、壺形や円筒形の埴

図 32 高廻り 2 号墳の形象埴輪（大阪市、船形埴輪のみが周濠底に置かれていた）

輪をめぐらせて埋葬施設を結界します。この世とあの世を境する仕掛けが幾重にも設けられているのです。その境界空間に船形埴輪は置かれていました。この世からあちらの世界へ霊魂を運ぶ船と考えざるをえないではありませんか。

船形埴輪は、被葬者が船を操って朝鮮半島へ渡海したり、舟運を司った人物の生前の業績や職掌を顕彰するためにあるとする主張をしばしば聞きますが、それならなぜ、ほかの形象埴輪群とともに墳丘上に置かないのでしょう。被葬者を顕彰するために、船形埴輪を古墳の濠の底に置くことは考えられません。ひとつの古墳に置かれた埴輪の全体を無理なく解釈することに努めるべきです。船形埴輪が置かれた場が境界にあたることを認識しなければなりません。

高廻り二号墳では一一個体を超えるさまざまな様式の家形埴輪が古墳のうえに所狭しと置かれていました。直径二〇メートルばかりの墳丘は二段に築かれているため、墳丘上面は非常に狭く、そこに家形埴輪群と衣笠、それに靫や盾・甲などの器財埴輪が置かれたわけですから、そこは埴輪が密集した非常ににぎやかな世界となります。一方、さらに小さな古墳を築いた場合、当然のことながら埴輪を配置する空間はいっそう狭くなります。そうなると埴輪の数を必然的に減らさなければならないわけで、最低限どうしても置かなければならない埴輪を残して、ほかの形象埴輪は省略せざるをえなくなります。最後に残される形象埴輪は何でしょうか。

もっとも必要な埴輪は?

三〇年ほど前、高廻り二号墳からやや東南にあたる大阪府八尾市で自動車専用道路の工事にともなう発掘調査中に小さな方墳の痕跡がみつかりました。1章でとりあげた美園古墳です。

美園古墳は大きさが一辺七メートルしかなく、そのまわりを深さ三〇センチ前後の濠がめぐります。高廻り二号墳と同様、すでに墳丘は削平されていて、立てられていた埴輪の大半が墳丘の盛土に混じって濠内を埋めていました。周濠から出土した埴輪片は、二五個体くらいの壺形埴輪と、二個体の家形埴輪に復元されました(図33)。

墳丘基底の一辺が七メートルですから、周囲の地山を削り込んで濠とし、その内側に封土を盛りあげてゆくと、古墳の上面はせいぜい四メートル四方ばかりの広さしか確保できません。二五個前後の壺形埴輪は墳丘上面の縁端に添わせ、やや内側に六〜七個ずつ並べた計算になります。壺形埴輪の大きさからみて、口縁部分が互いに接するくらいの間隔だったと想定できます。するとその内側はさらに狭くなり、そこに二個体の家形埴輪が置かれたことが想像できます。そこに高廻り二号墳のような盾や靫などの武器形埴輪を置く余地はありません。

二つの家形埴輪は、大きさも建築様式も違っています。大きな埴輪は、一見すると二階建てに見えますが、そうではなく高床の埴輪で、床中央に梯子を架ける四角い穴があけられ、赤く塗られた屋内にはベッドが設けられていました。これは他の家形埴輪には例がありません。屋根は入母屋式で、大棟には随所に鰭形《ひれがた》の装飾がつけられて、格式の高い建物であることをうかがわせます。

もう一棟は切妻の強い妻転びをみせる平屋様式の埴輪で、入口には内側に扉の軸を受ける穴が設けられ、扉が付いていたらしく、造作の丁寧な別格の建物を表現していたようです。興味深いのは、建物の本体部分の破片がほぼそろい、入口に扉の軸受が造形されていたにもかかわらず、扉が破片すら出土し

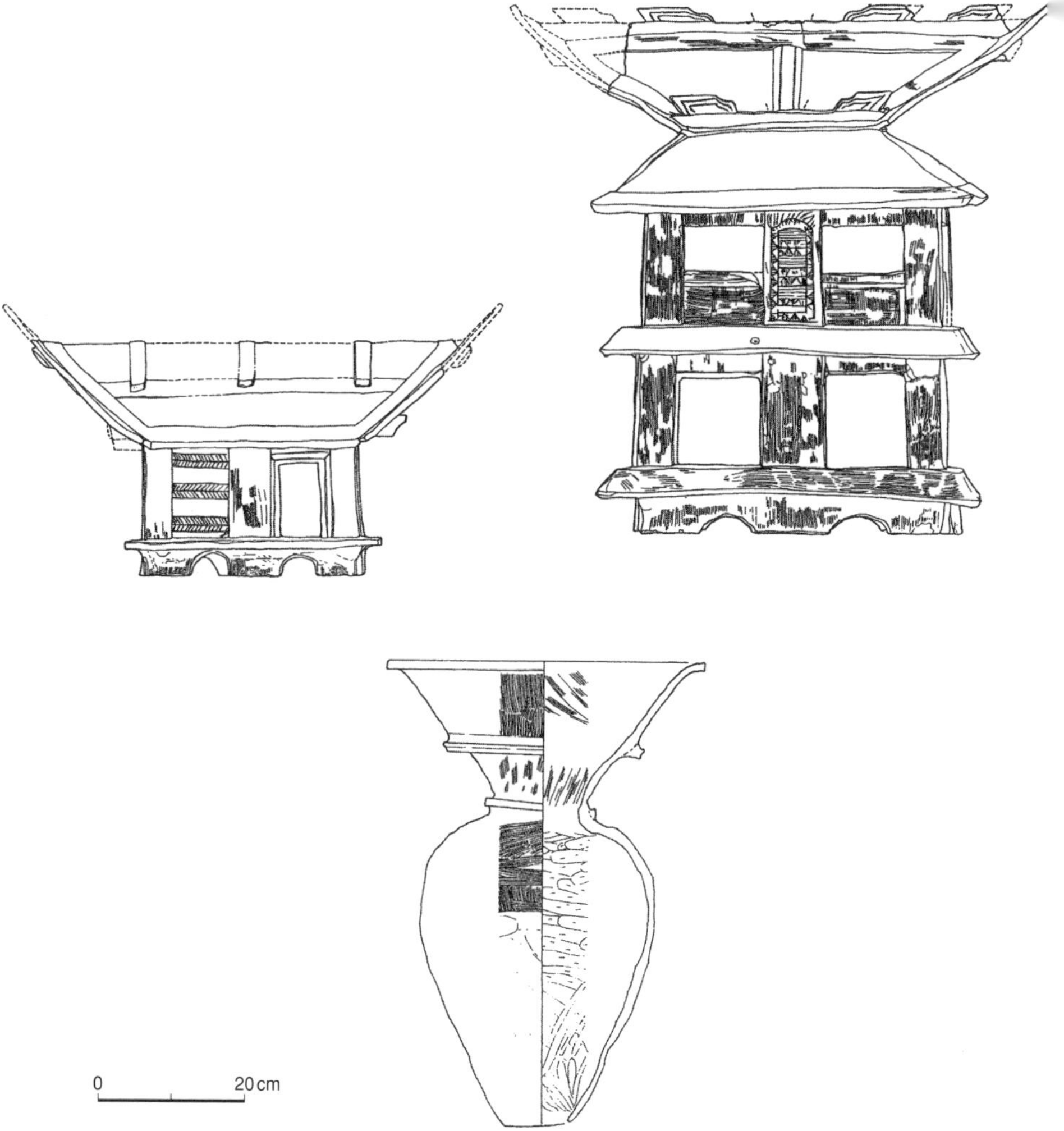

図33 美園古墳出土の埴輪

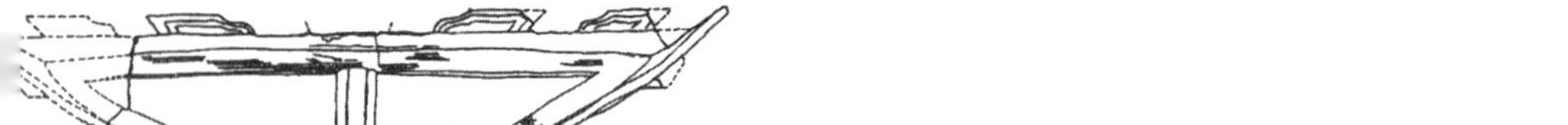

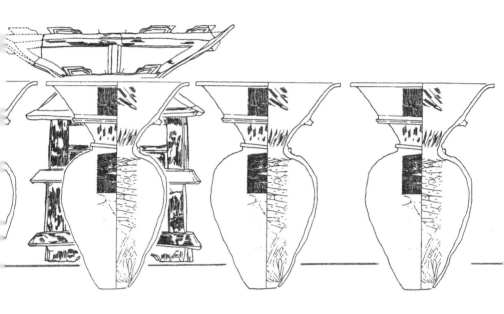

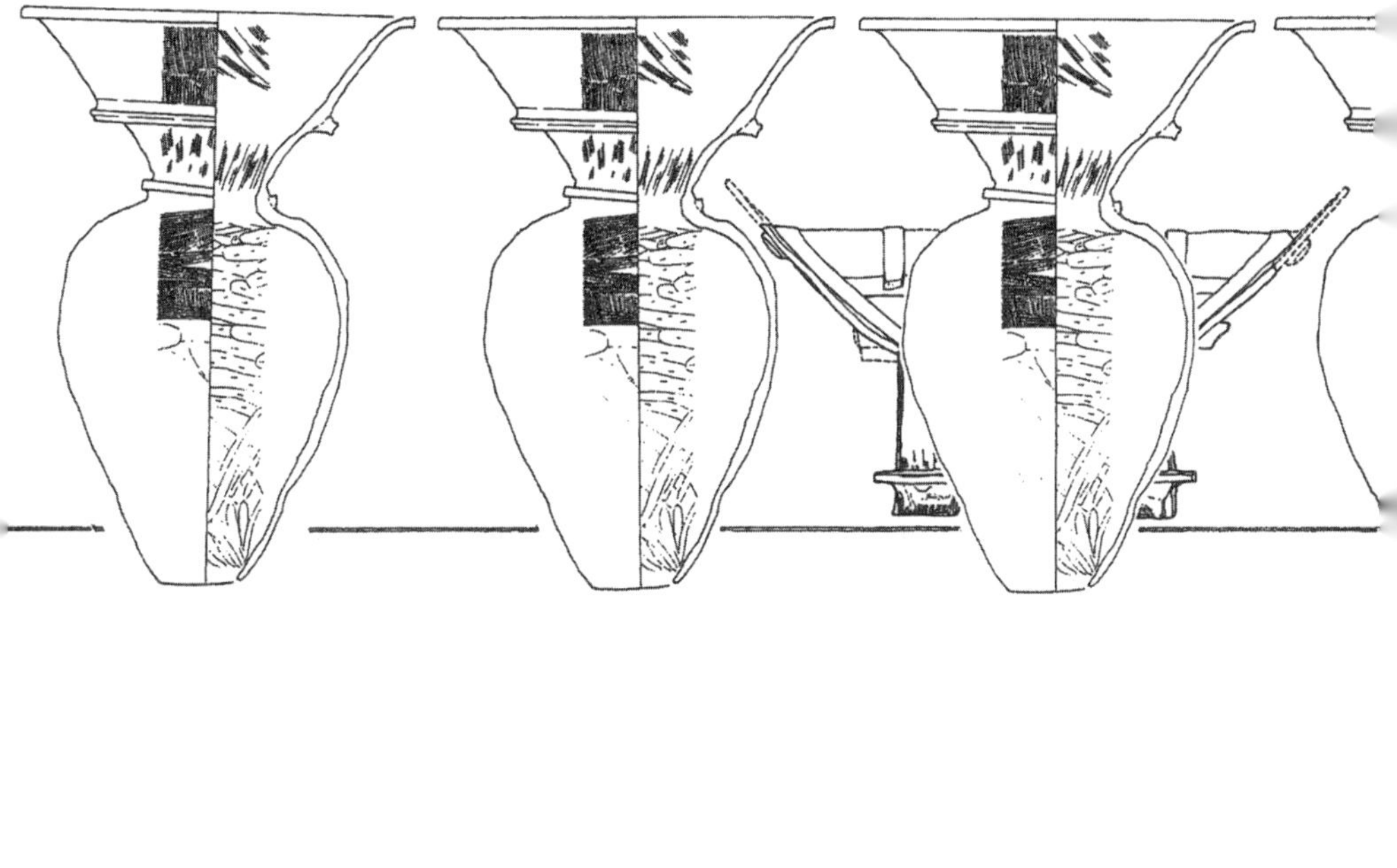

図 34 美園古墳の埴輪配置復元

なかった点です。5章でくわしく述べることになりますが、墳丘上に配置される器財をはじめとする形象物には、埴土を素材とするだけではなく、木、石、鉄、貝など、多様な素材があわせ用いられた事実に留意しなければなりません。わたしは当該の埴輪の扉が木製だったために腐朽して遺存しなかったと考えています。当該の埴輪が赤彩されていたことから、同様に赤彩された扉の材質の違いは問題にならなかったでしょう。

この二棟の家形埴輪を墳丘上をとり囲む壺形埴輪のなかに置くと、高さが壺形埴輪の半分程度しかない平屋様式の埴輪は、壺形埴輪列の向こうに埋没してしまって、古墳の外側からはまず見えません(図34)。濠を掘った土砂を利用して墳丘を盛り上げるわけですから、埴輪が並ぶ高さはせいぜい人の目線か、もしくはそれよりやや低くなります。さらに高床様式の埴輪も、大棟の上端部分がかろうじて見える程度にすぎないという事実は重要です。もちろん立ち並ぶ壺形埴輪の間にできた隙間から、そこに家形埴輪が置かれていることはわかるでしょう。しかしこうした埴輪配置に、家形埴輪の存在を外部に示そうとする意図を見いだすことはできません。見えない家形埴輪。そこからこの家形埴輪が、小さな古墳であっても、かならず置かれなければならない形象埴輪だったことに気づきます。

高殿と国見の祭儀

わたしは美園古墳の高床様式の家形埴輪を、文献にみえる高殿だと考えています。『日本書紀』には仁徳天皇が難波高津宮の高殿から遠望し、民のカマドに煙の上がらないのを見て民が苦しんでいることを知り、税を免除して人びとを憩わせたという、「仁徳」という天皇の諡《おく》り名の由来となった説話があることはよく知られています。『日本書紀』の仁徳天皇四年春二月条にその発端が語られます。

朕《われ》、高台《たかどの》に登りて、遠《はるか》に望むに、烟気《けぶり》、域《くに》の中《うち》に起《た》たず。以為《おも》ふに、百姓《おほみたから》既に貧しくして、家に炊《いひかし》く者《ひと》無きか。

と、民の窮状が描写されます。「烟気起たず」というのは、飯を炊くカマドに煙りがのぼらず、人びとが食べるものにも事欠く苦しく貧しい状況にあることです。天皇が遠望した場を書紀は「高台」と表記しますが、これは中国風の書き方であって、「高殿」が日本的な表記です。『万葉集』では「高殿」と表記されます。

翌月、天皇は三年間の課税の免除を命じます。そして三年後の七年四月、天皇は皇后の磐之媛《いわのひめ》とともに再び高殿に昇って遠望したところ、烟が随所から立ちのぼっていました。そこで天皇は皇后に「朕、既に富めり」と語り、さらに数年のあいだ課役を免除したという説話です。

この仁徳天皇の遠望という行為に関連して『万葉集』にみえる、いわゆる舒明天皇の国見の歌をみておきましょう。

天皇、香具山に登りて望国《くにみ》しましし時の、御製の歌

大和には　群山《むらやま》あれど　とりよろふ　天の香具山　登り立ち　国見をすれば　国原は　煙《けぶり》立ち立つ　海
原は　かまめ立ち立つ　うまし国ぞ　あきづ島　大和の国は

（『万葉集』巻第一―二）

冒頭の詞書には国見を「望国」と表記しています。その「望」は、仁徳天皇の高津宮の高殿からの遠望と同じく、高みから国土を見る行為にほかなりません。大和の山々のなかでも、とくにすばらしい天香具山に登って国見をしたならば、国土からは煙が立ちのぼり、海原にはカモメが飛び交うと、国土の豊かさを誉め称えた歌です。カモメが飛び交う海原などは奈良盆地から現実に見えるわけはありませんが、それが見えたことにしています。

つまり香具山に登って国土を見渡す行為は、天皇による国土支配を象徴的に表わした物言いなのです。海にたくさんのカモメが飛び交うのは、海が豊かであることをいいたかったわけで、国原から煙が立ちのぼるという言葉に、国土から沸き立つ生命力、すなわち「気」を歌いあげようとしたと考えられます。国見は大地に生命力がみなぎる春先におこなわれる予祝の意味をもつ民俗儀礼として各地でおこなわれ、天皇もまた、国土の繁栄を願って国見の王権儀礼をおこなったことが知られます。

難波高津宮の高殿も、そのような王権儀礼の場として、なくてはならない建物だったのです。仁徳天皇が望んだ「烟気」も、その文脈で理解されなければなりません。天皇だけではありません、各地の首長たちも、同様の予祝儀礼をおこなうために、居館のなかに高殿を建てたことでしょう。

埴輪世界が表象するもの

美園古墳の高殿形埴輪について、わたしがいまひとつ注目するのは屋内に造り付けられたベッド状の施設です（図4参照）。壺形埴輪に囲まれて、外からはかろうじて屋根が見えるだけの高殿の中の赤彩されたベッドは、外からは見えるはずもありません。

このベッドについては、『古事記』にみえる崇神天皇の時代の話が参考になります（二一ページ参照）。崇神天皇の時代、疫病が流行し、まさに人びとが死に絶えそうになったときに、天皇は憂い嘆いてそのわけを神に問うために神牀《かんどこ》に就いたところ、夢にあらわれた大物主《おおものぬし》大神が意富多多泥古《おおたたねこ》をもって我が前を祭らせたなら国は安らかになろうと託宣をくだします。神託を受けて意富多多泥古を捜し出して神主とし、大物主大神を祀らせたところ、ようやく国中が平安になったという奈良県桜井市に鎮座する大神《おおみわ》神社の創祀伝承です。

注目されるのは、夢に神託をえるために天皇が寝るベッドを『古事記』が「神牀」とよんでいる点です。

美園古墳の高殿形埴輪につくられたベッドは、あきらかに日常使用するベッドではありません。神意をうかがう聖なる場に違いありません。神意が夢に現れると信じた古代人の「こころ」がそこにみえてきます。その祭儀場が高床であるのも、より神の世界に近づこうとした心意のあらわれでしょう。

出雲大社の古代伝承に一六丈（約四八メートル）もの高層神殿を建てたとするのも、同根の話とみなしてよいでしょう。

大王や首長が国見の王権祭儀をおこなう高殿を形象した家形埴輪が、一辺がたった七メートルという、もっとも小さな部類に属する墳丘規模の古墳上になぜ置かれたのでしょうか。高殿で国見の祭儀をする大王や豪族であれば、もっと巨大な墳丘を築き、壺形の墳丘をもつ墓をつくったことはまちがいありません。

美園古墳のきわめて小さな墳丘は、その被葬者がその地域でさほど社会的・政治的な力をもたず、むしろ古墳を築くことができる首長たちのなかでは下位に位置する人物であったことをうかがわせます。

では小規模な墳丘と、そこに置かれた神の託宣を受けるりっぱな高殿形埴輪の間にあるギャップをどう考えるべきなのでしょうか。

墓は他界空間です。被葬者はその他界（来世）において、高殿や神牀で神の託宣を受け、それをもとに地域を支配できる立場に立つ首長として新たな生を得たいという願いがあったから、そうしたアンバランスが生まれたとわたしは考えます。すなわち墳丘上の埴輪世界が、生前の被葬者の業績や職掌を顕示するものではないということです。

もし現世の人びとに被葬者の生前のありさまを見せたいのならば、古墳の上にはもっとさまざまな形状の埴輪があってもよいではありませんか。被葬者の活躍を顕彰するためのユニークな形象埴輪が現れてもよいはずです。しかしそれはありません。いずれの古墳も、壺形や円筒の埴輪をめぐらせたなかに、まず家形埴輪を置き、もう少し空間があれば甲冑や靫・盾、それに衣笠などの器財埴輪を配置します。そのパターンは決まっています。その数の多寡、配置すべき形象埴輪は、古墳の大きさに規制されるのです。

壺のなかの家

磐余《いわれ》の王墓として知られる全長が二五〇メートルの巨大なメスリ山古墳（奈良県桜井市）では、壺形墳丘の主丘頂に巨大円筒埴輪が隙間なく長方形に、しかも二重に立てめぐらされています（図35）。墳丘

図35 建物を観想させる円筒埴輪の配置（奈良県桜井市、メスリ山古墳）

上の被葬者を守るかのようなこの大きな円筒埴輪の形状を、石野博信さんは棟持柱《むなもちばしら》をもった家、すなわち桁行《けたゆき》四間、梁間《はりま》二間の建物を観念した壁と柱の表象であることをみてとりました（『邪馬台国の考古学』吉川弘文館、二〇〇一年）。なかでも円筒埴輪による長方形区画の短辺中央に立つ、直径約九〇センチ、高さ二四〇センチ余りということさら高くて太い円筒埴輪を棟持柱と考えました。ともに並ぶ円筒埴輪の直径が四五〜六〇センチであるのとくらべると、その巨大さがわかるでしょう。

伊勢神宮の神明造《しんめいづくり》建築は独立した棟持柱をもつ神殿建築として知られます。また出雲大社でも妻側中央に太い棟持柱（宇豆柱）がみえます。棟持柱は、神殿を象徴する柱なのです。メスリ山古墳に立てられた円筒埴輪の配列は、屋根こそ表現していませんが、墓の上に巨大な建物があって、そこに被葬者が納められていることを観念した神聖な造形であるという理解に我々を導いてくれます。円筒埴輪の突帯は建物の貫《ぬき》や桟《さん》であり、びっしりと隙間なく並ぶ円筒埴輪列は壁や塀とみなせそうです。このように考えると、墳丘上の埴輪による造形のすべてが意味をもってくるのです。

他界の家

古墳という他界空間に被葬者が眠る家の形象が存在すると考えると、いろいろな遺構がつぎつぎと意味をもって解けてきます。たとえば、竪穴式石槨内に刳抜《くりぬ》き式の石棺を納めた四世紀後半の鶴山丸山古墳（岡山県備前市）の場合、石棺はその蓋を寄棟形屋根の形状にして、蓋の流れの部分に、さらにそれぞれ三つずつの切妻式屋根をもつ家が浮彫りされています（図36）。家形の浮彫りの間に、銅鏡を表現したとみられる円文がみえます。さらに石棺の身には五本の柱を表出したとみられる浮彫りがあって、

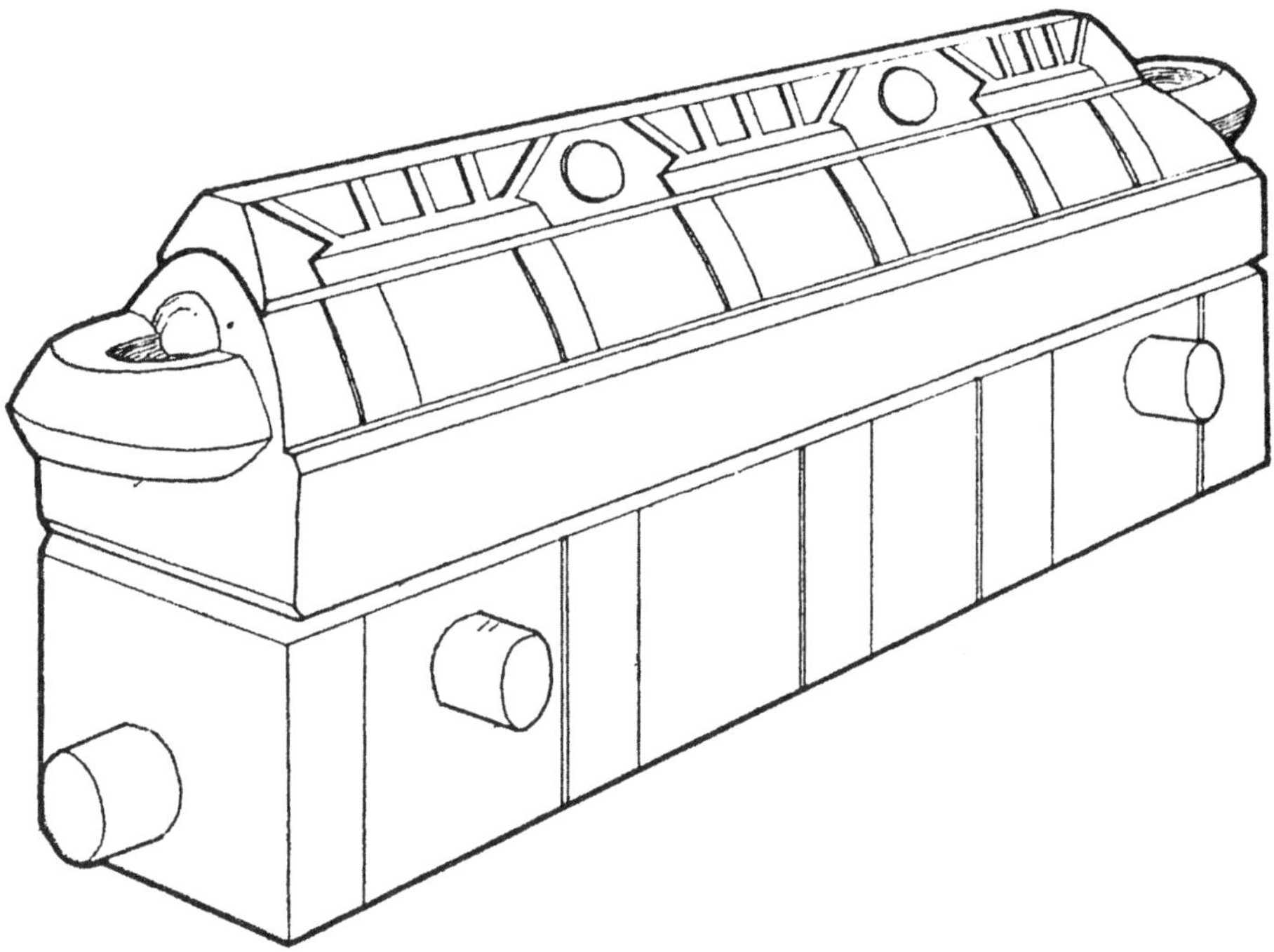

図36 鶴山丸山古墳の家形石棺（岡山県備前市）

石棺自体が家とみなされた造形であることは明らかです。そこに美園古墳の墳丘上の中心に配置された高殿形埴輪につながる造形の意味、「こころ」が見えてきます。

同じ観念は古墳時代後期にも受け継がれてゆきます。九州の例をお話ししましょう。

熊本県一帯には阿蘇山の噴火による厚い凝灰岩の岩盤が広がっています。六世紀にはそこに横穴式の墓室が掘られます。注目したいのは、横穴とよばれるその墓室空間が家形に刳り抜かれ、壁と天井の境界には軒が、天井は寄棟か切妻で、棟木までも表出されます。

石貫《いしぬき》ナギノ八号横穴（熊本県玉名市）では玄室奥に造り付けられた被葬者を横たえる屍床までが寄棟屋根の家形につくりだされ、その左側には大刀を、屋根には矢をつがえた弓の線刻が表現され（図37）、迫り来る邪霊を追い払い、被葬者を守護しようとする心意がありありと表現されています。それが古墳上に武器形埴輪を配置するという前代からの行為につながる点に留意しなければ、古墳文化の本質を見落とすことになります。

さらに屍床の奥には同心円文が並列して線刻されます。それは被葬者に向けたもので、鏡をあらわしたと理解すべきです。また同心円文の列と並行して刻まれた連続三角文が魔除けの意味をもつ図文であることは2章で述べました。葬具としての大型銅鏡や弥生時代の祭具である銅鐸などには、その外縁に内側の図文を護るかのように連続三角文を表出する「こころ」もあわせ考えることを忘れてはなりません。

横穴の墓室空間を家形に造る葬送習俗は、すでに五世紀の宮崎県下の地下式横穴に出現しています（図38）。これも来世の家なのです。

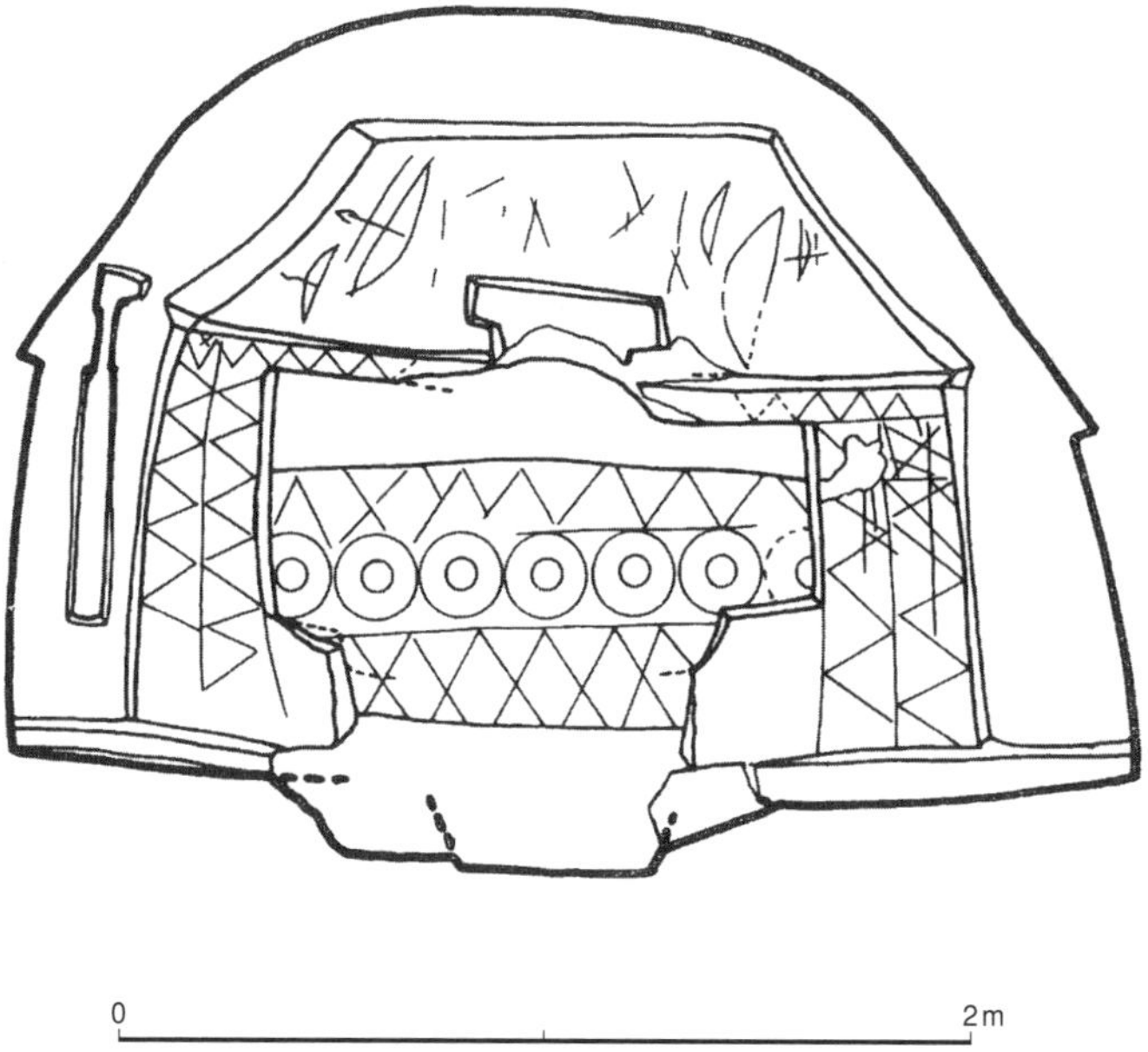

図 37 家形の屍床（熊本県玉名市、石貫ナギノ 8 号横穴）

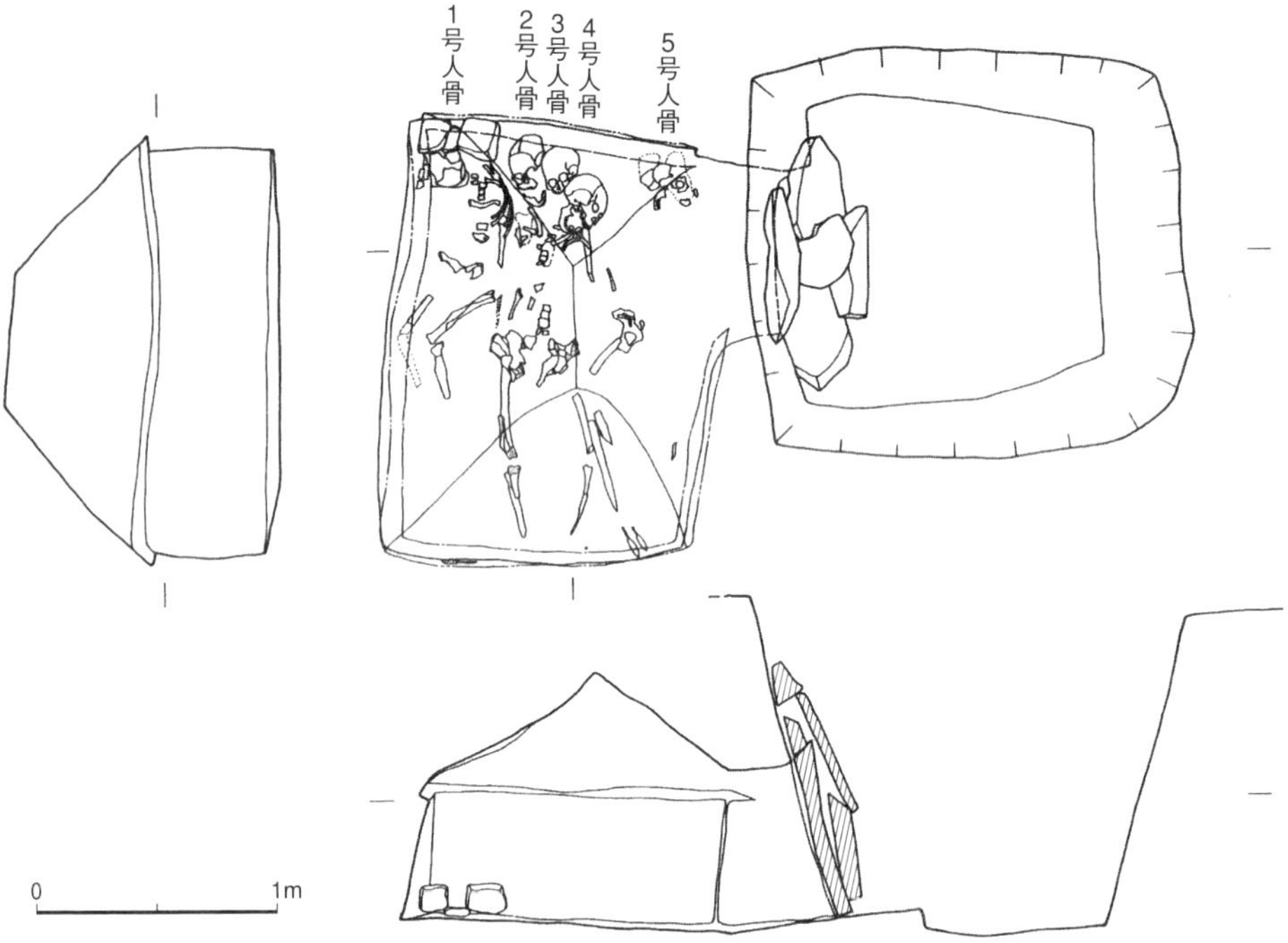

図38 家形の墓室空間（宮崎県高原町、立切68号地下式横穴）

さらに東海地方から大阪府の和泉地域や兵庫県・滋賀県地域にみられる横穴式木室もまた、木材を用いて家形の墓室をつくります。石は使わず、柱と垂木を木で組み、藁などで屋根を葺いた後、その表面全面に粘土を貼り、水漏れのないようにしてから、墳丘を盛り上げた古墳で、横穴式石室と同様に羨道《せんどう》が設けられます。その墓室は切妻の伏屋タイプの家の形状をしています。なかには墓室の強度を増すため、完成した墓室の内部に火を掛けて粘土を硬化させたものもあります。

また、岡山県地方を中心に出現する家形をした陶棺にも目を向けておく必要があるでしょう。

なにより古墳時代後期に有力首長の石棺に採用された家形屋根をもつ石棺（家形石棺）もまた、その呼称のとおり、家を形象したことは明らかで、先に例示した鶴山丸山古墳の石棺にその初期の造形を見ることができます。横穴式木室や横穴、さらには棺にみる家形の造形を概観したわたしは、横穴式石室もまた家形を観念して作られた墓室だったと考えています。

他界へ向かう船

太陽の船

さて、高廻り二号墳の濠底に船形埴輪が置かれていた事実に、他界空間としての古墳の本質がうかがえることは先述しました。そのほかにも船にかかわる古墳時代のさまざまな造形が語りかけることは、けっして小さくありません。

古市古墳群の林遺跡（大阪府藤井寺市）では、五世紀代の古墳の周濠とみられる遺構から、舳先《へさき》に鳥をとまらせた船形埴輪が発掘されています（図40⑤）。しかもその鳥は、クチバシや尾の形状からカラスと報告されているのも興味をそそられます。中国の古代神話でカラスは太陽を象徴する鳥だからです。

三世紀末に築造された古式壺形墳の東殿塚《ひがしとのづか》古墳（奈良県天理市）では、墳丘裾に立てられていた円筒埴輪の一つに、大小三つの船が線刻で描かれていました。図39は、遺存状態の良好な二つの船画です。いずれにも衣笠が立てられており、甲板の中央には旗がたなびいています。二号船画をよく見てください。舳先に雄鶏が描かれています。現実に鶏を舳先にとまらせることは不可能ですから、この船が観念の世界の船であることがわかります。雄鶏は、鶏鳴によって太陽を呼び出す鳥にほかなりません。

林遺跡と東殿塚古墳の舳先の鳥は、その表現手法は違いますが、どちらも太陽を象徴する鳥が舳先に表現されていたことにぜひ注視してください。

北部九州の古墳壁画に、太陽の下を来世へ航行する船の絵画があります。鳥船塚《とりふねづか》古墳（福岡県うきは市、図40②）や珍敷塚《めずらしづか》古墳（同、図40③）です。太陽によって来世へといざなわれる霊魂を象徴したものが「太陽の船」の図像で、古代のエジプトや北部ヨーロッパの墓室に描かれた事例はよく知られています。カラスや雄鶏を舳先にとまらせた船の造形もまた「太陽の船」にほかなりません。

くり返しますが、古墳はこの世につくりだされた来世、「他界」です。濠の向こうはあの世ですから、墳丘に置かれた埴輪も、横穴式石室の壁に描かれた絵画も、あちらの世界に属するものです。

古墳の上も、石室のなかも、そこが明るい世界であろうと暗闇の墓室であろうと、問題はありません。観念上はひとつの来世なのです。来世が暗い世界か、明るい世界かということは、現世にとらわれいては何も見えてきません。漆黒の闇の横穴式石室や横穴内の壁面に描かれる装飾はあくまで、その墓室空間に葬られた死者のためにあるのです。被葬者は明るい光明のもと永遠の生を他界（古墳空間）に送るのです。

霊魂を運ぶ船と洞穴

ワカタケル大王（雄略天皇）の名を含む一一五文字の金象嵌をもつ鉄剣を副葬していた埼玉稲荷山《さきたまいなりやま》古墳（埼玉県行田市）の埋葬施設が、丸木舟の形状をした木棺だった事実に目を向ける研究者は多くはありません。若王寺《にゃくおうじ》一二号墳と一九号墳（静岡県藤枝市）でも舳先と艫《とも》（船尾）が明瞭に造形された丸木舟形の木棺でした。さらに房総半島の先端近くにある大寺山《おおてらやま》洞穴（千葉県館山市）では、洞穴内に納められた一〇基を超える古墳時代中・後期の丸木舟形木棺が千葉大学の調査で明らかになりました。古墳時代に船形をした木棺が存在したことは、もはや疑いようがありません。

さらに二〇〇九年には、名古屋市北区にある平手町《ひらてちょう》遺跡の弥生時代中期後半の方形周溝墓から、ヒノキ製の丸木舟形木棺が出土しています。人骨も一部が遺存していました。わたしは、葬送にあたり船形の棺を用いる心意がすでに弥生文化の基層にあったと考えています。

視点をすこし変えて、いまふたたび九州の横穴に目を向けましょう。先にもお話ししたように、墓室空間を家形にするいっぽうで、遺骸を納める屍床の側面をゴンドラの形状に削りだす例がいくつもあります。石貫穴観音《いしぬきあなかんのん》三号横穴（熊本県玉名市、図41）が典型的な事例です。しかも船形に削りだした部分を赤く塗っています。丹塗りの葬送船です。

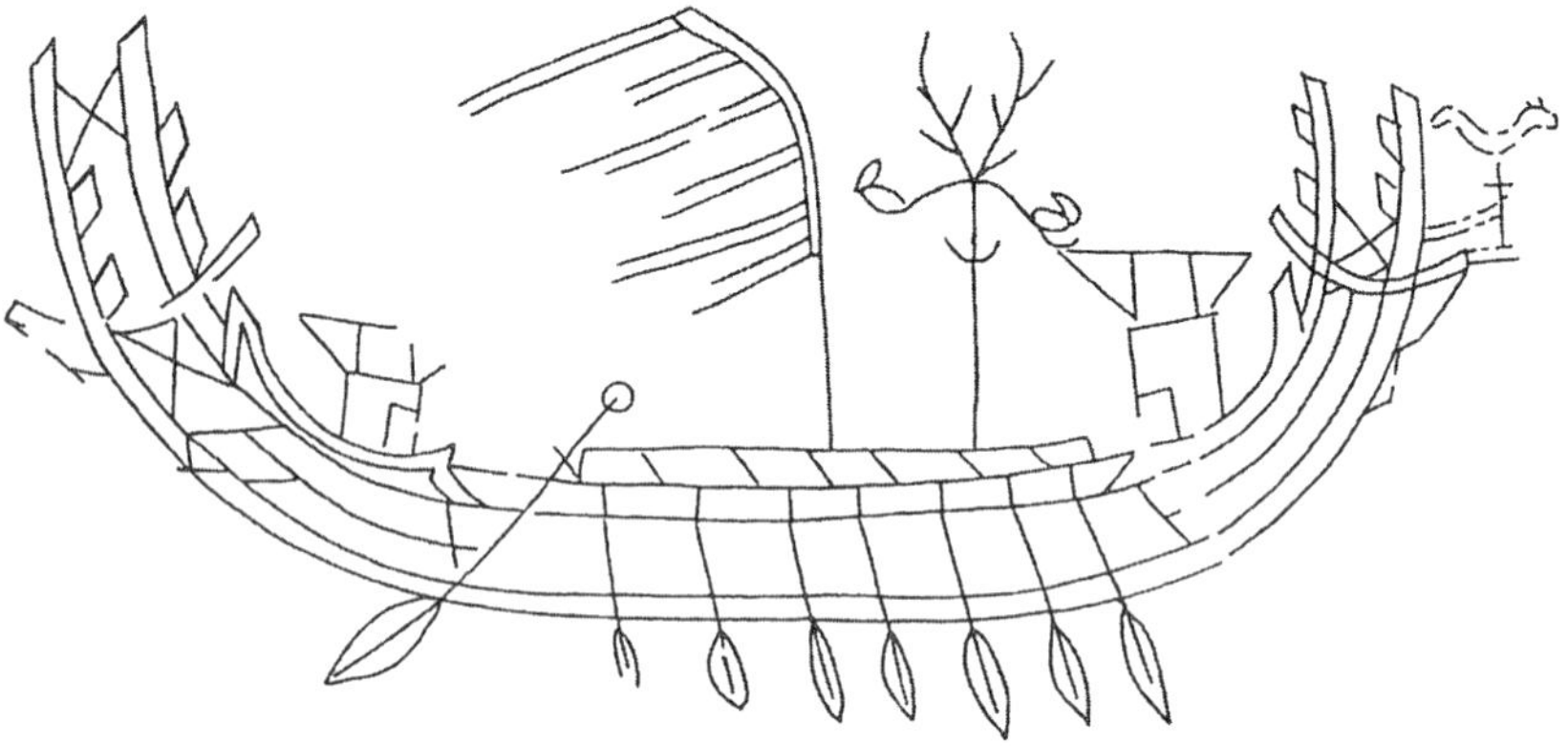

1 号船画

2 号船画

0　10cm

図 39 埴輪に描かれた船画（奈良県天理市、東殿塚古墳）

①弁慶ガ穴古墳（壁画）

②鳥船塚古墳（壁画）

③珍敷塚古墳（壁画）

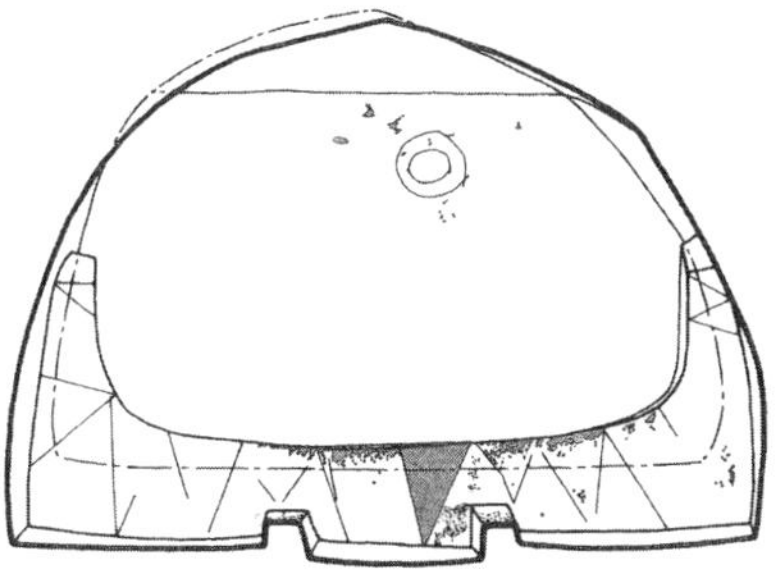

④桜ノ上１号横穴（横穴の屍床）

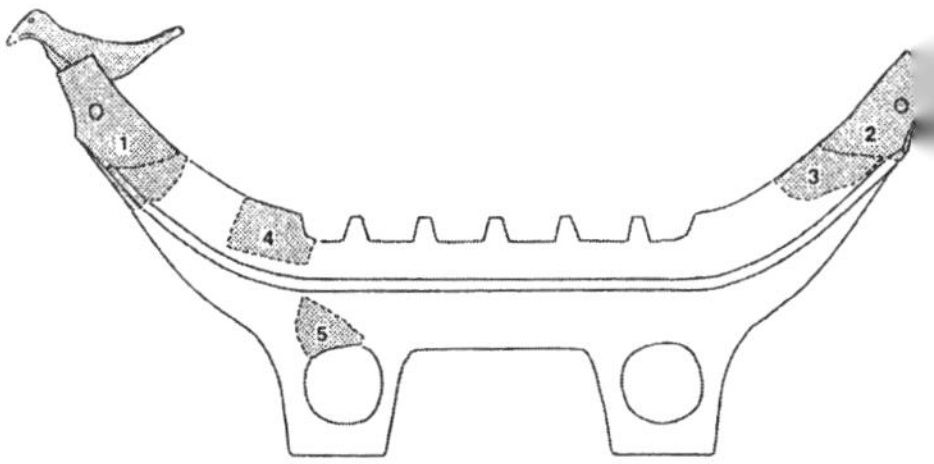

⑤林遺跡（埴輪）

図40「太陽の船」の表徴

『万葉集』巻十六に収める「怕《おそろ》しき物の歌」の一首に、

奥《おき》つ国領《うしは》く君が塗屋形《ぬりやかた》黄塗《にぬり》の屋形《やかた》神が門《と》渡る

（『万葉集』巻第十六―三八八八）

という、潮流の速い危険な瀬戸で他界の支配者が乗る黄塗りの船を見てしまうという歌があります。そこに見える黄色を古代人は赤色と同じ感覚で捉えていたという佐竹昭広氏の「古代日本語における色名の性格」という論文（『萬葉集抜書』岩波書店、一九八〇年）を思い出します。

棺を載せて天空を翔る船を描いた、五郎山《ごろうやま》古墳（福岡県筑紫野市）の壁画にも注目しておきましょう。

中国山地の中央部、吉井川の上流、丘陵のいただきに築造された中期の大型円墳、月の輪古墳（岡山県美咲町）では、墳丘の裾に小さな方形の造り出しがあって、そこにも木棺を粘土でくるんだ粘土槨が営まれていました。その粘土槨の真上の墳丘上に小さな船形埴輪が置かれていた事実は無視できません。これまでの話の展開から船形の造形がもつ意味はよく理解していただけたことでしょう。この船形埴輪は被葬者の魂の乗物として、粘土槨上に置かれたのです。報告者は、月の輪古墳の直下を岡山市のほうへ流れ下る吉井川の舟運を掌握した豪族がそこに埋められていると考えていますが、それでは船形埴輪を置いた古墳のすべてを理解することは困難です。

船は他界へと死者の魂をいざなう乗物なのです。それゆえに高廻り二号墳の船形埴輪は、両世界の境界をなす濠内に置かれていました。衣笠や大刀、また王権を象徴する聖標などの土製形代を船上に立てた宝塚一号墳（三重県松阪市）の船形埴輪も古墳の裾に置かれていました。

図41 ゴンドラ形の屍床（熊本県玉名市、石貫穴観音3号横穴）

出雲に加賀《かか》の潜戸《くけど》（島根県松江市）という巨大な海蝕洞穴が日本海に向かって口を開けています（図42）。『出雲国風土記』島根郡条は、そこを佐太大神が光とともに誕生した場としています。いっぽう同じ風土記の出雲郡条には、島根半島の西寄り、出雲大社のすぐ西の道を山越えした海岸に大きな口を開ける猪目《いのめ》洞穴（島根県出雲市）を「黄泉《よみ》の坂、黄泉の穴」とよび、あの世への入り口とする認識が語られます。ここには、この世に命をもたらす根源の世界と、魂が還る来世とをつなぐ通路にあたるものが洞穴だとする認識があることにぜひ注意していただきたいのです。おそらく命の根源のクニがあって、そことこちらの世界をつなぐ装置が洞穴だったのでしょう。洞穴に船形木棺を納める大寺山洞穴の情景は心に響きます。

『出雲国風土記』では、洞穴の向こうに他界が観念されました。他方、古墳では濠の向こうに実際に他界空間をつくり出したと理解できます。そこは壺形をした墳丘であったり、壺形の埴輪をめぐらせたり、壺に象徴された世界と認識できることは冒頭で論じました。

2章や3章でみたように、泉や井戸は命の源の水が尽きることなく湧き現れる装置です。まさにそれは垂直に延びた洞穴に観念できるではありませんか。そこに湧く水は、この世ではない、別の世界（他界）からもたらされると考えられたことでしょう。新たな命が常に水とともにもたらされるとみなされ、その水を祭ることによって、永遠の命を己に付与できると思念されたでしょう。古墳時代の墓制をめぐる諸相はそうした古代人の「こころ」の奥底をのぞかせています。

▶図42 加賀の潜戸（島根県松江市）

「舟葬」と「家葬」

古代人は他界を海の彼方にだけみたわけではありません。いかなる距離を往けばよいのか不確定な、模糊とした彼方に観想される他界にたどり着くため、もっとも足の長い乗り物として船が考えられたのです。五郎山古墳（福岡県筑紫野市）の壁画にみる、棺を載せた船が星空を他界へと渡り往く情景は、船の形の意味をよく語っています。そうした他界観は「舟葬《しゅうそう》」とよばれてきました。

一方、船に乗る魂が渡り往く他界に、死者の魂が新たな生を得る場としての建物＝王宮が思念され、家形の葬送空間としての棺・槨室・埴輪などの形が創出されたのです。それらもまた他界の表象にほかなりません。

従来、古墳時代の後半期に家形石棺が盛行することをもって、「舟葬」から「家葬《かそう》」へと喪葬観念が変化したと論じられてきました。しかし、「舟葬」と「家葬」は対比される観念ではありません。

岩原《いわばる》Ⅳ—三号横穴（熊本県山鹿市）では、船形の屍床を削り出して造形していますが、この横穴の玄室は寄せ棟屋根をもつ家形の空間に造形されているのです（図43①）。同様に、先に紹介したゴンドラ形の屍床をもつ石貫穴観音三号横穴でも、玄室は切妻屋根の形に造形されています（図43②）。「人物の窟《いわや》」がある高井田《たかいだ》横穴群（大阪府柏原市）でも、大半の横穴には軒が表現され、天井は丸みをもった屋根に造形されます。それは高廻り二号墳にみるような、家（家形埴輪）と船（船形埴輪）を、玄室という墓室空間にとり込んだところに創出された形と理解されます。

かつて小林行雄先生は舟葬を否定され、家形石棺の出現に家葬の風習が指摘されることを強く論じられました（「舟葬説批判」・「家形石棺」『古墳文化論攷』に再収、平凡社、一九七六年）。しかしその後に各地で

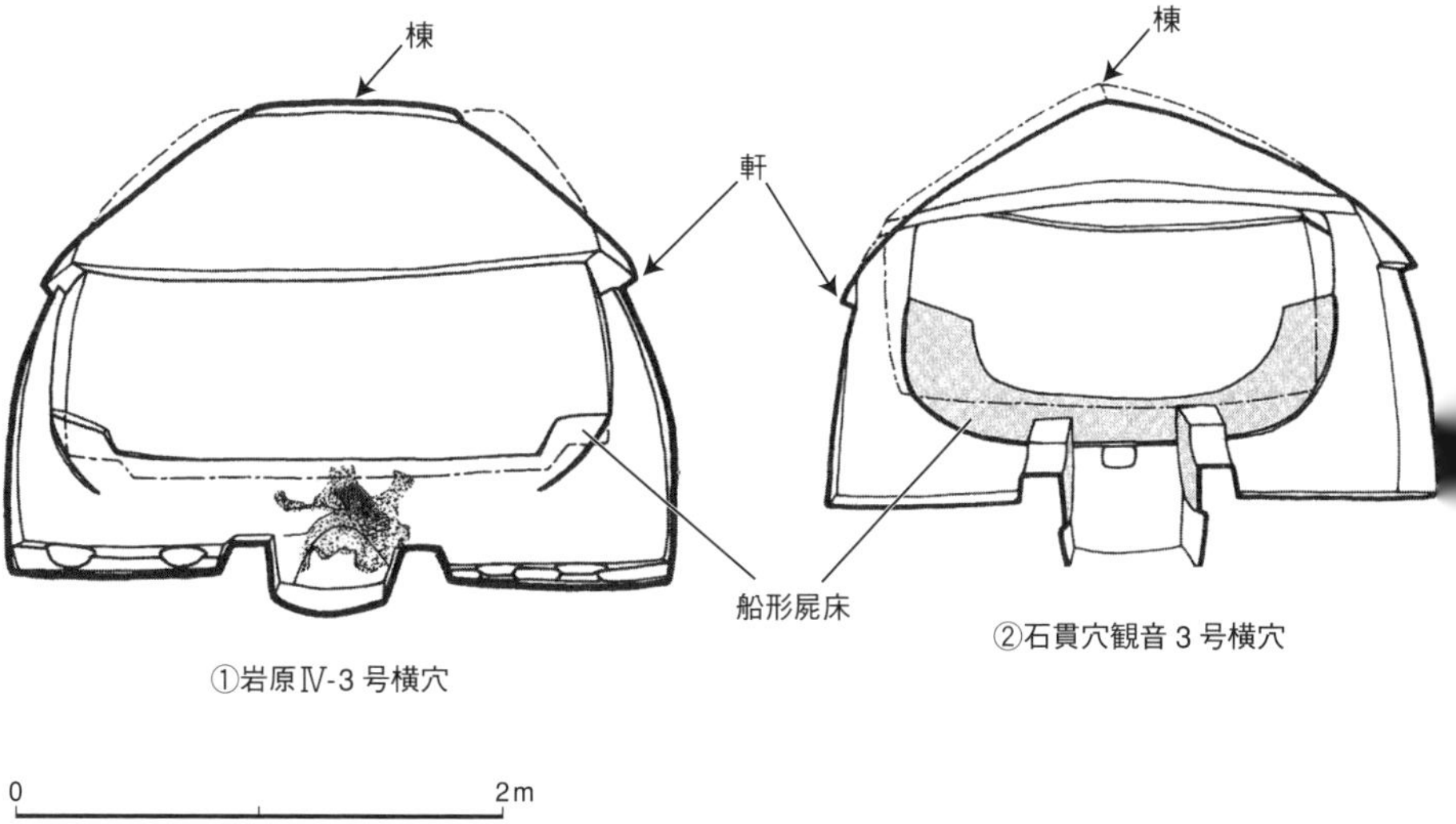

図 43 家形の墓室空間（横穴）に設けられた船形の屍床

検出された丸木舟形木棺の事例は、小林説に再検討を迫っています。

古墳という葬送の装置は誕生の当初から後期古墳の時代に至るまで、同じ他界観念のもとに営まれつづけたのです。棺や槨室の形と構造は時代とともに変化するものの、古墳という墓制の基層にある他界観は変わらなかったことを確認しておきます。

反閇の呪儀

最後に古墳にかかわる呪的な儀礼を紹介して、古代の「こころ」をさぐる話のまとめとしましょう。

力士埴輪

黄金塚《こがねづか》二号墳（京都市）は、伏見丘陵の南端に築かれた前期末ころの壺形墳です。他界空間を結界するため、墳丘の裾には円筒埴輪がめぐらされていました（図47②）。しかも朝顔形を含む円筒埴輪一〇本おきに盾を形象した大きな埴輪が墳丘の外に向かって配置され、結界の心意が強調されます。その盾形埴輪のひとつに線刻による人物画が描かれていました（図44①）。高さ一九センチばかりの全身像で、耳には勾玉を垂下し、三角形の額飾りをつけています。額飾りは葬送に際して葬列に加わる人びとも含めて邪霊にとりつかれないようにするための葬冠とよばれる魔除けの意味をもつものです。顔の真ん中にあるはずの鼻の表現が見えません。それは粘土を貼り付けて表出されていましたが、発掘時には失われ

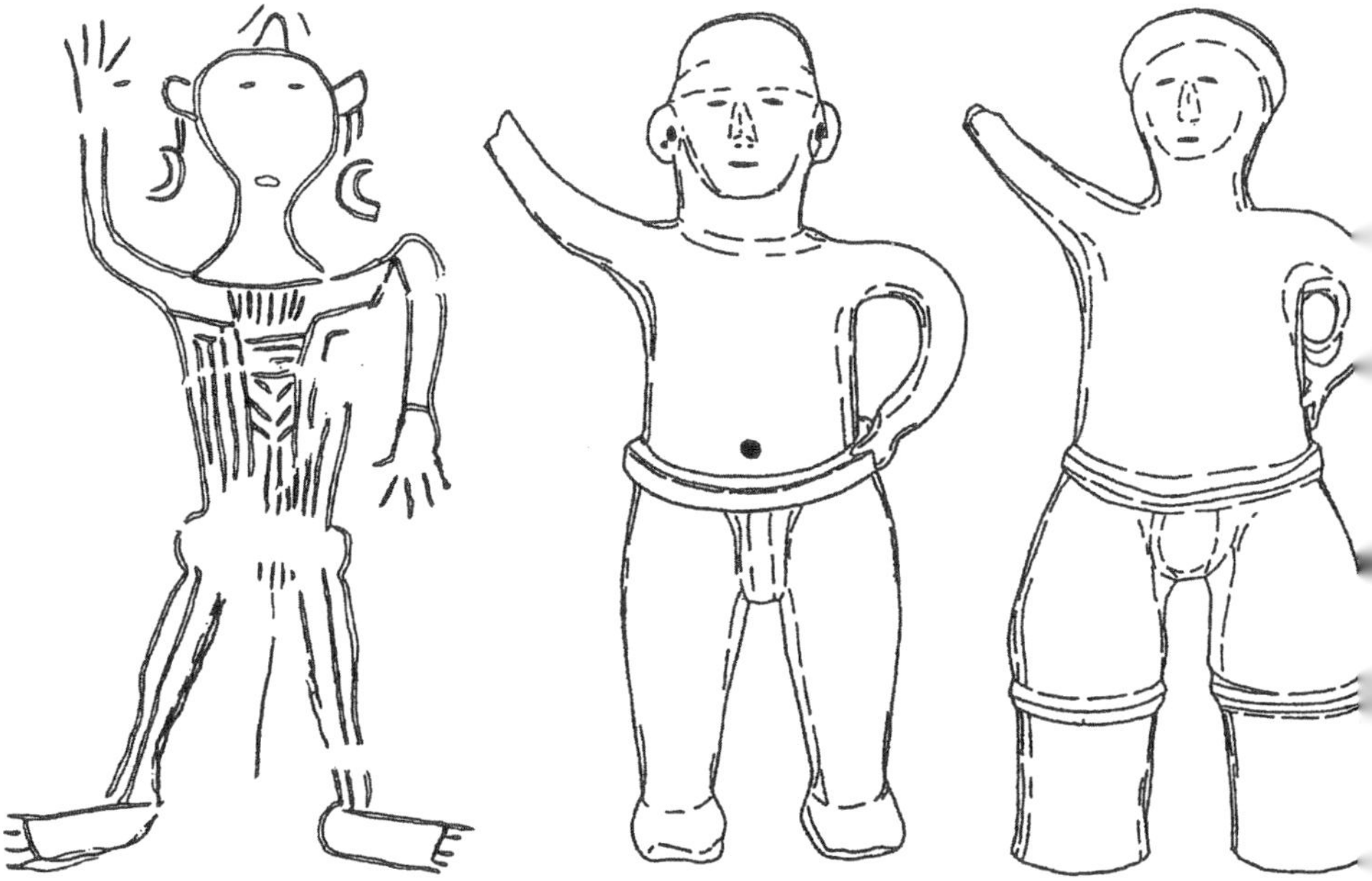

①黄金塚２号墳の埴輪絵画　②長瀞総合博物館蔵の埴輪　③原山１号墳の埴輪

図44「反閇」をする「ちからびと」

て、剝離した痕跡が明瞭に遺っていました。

この人物は足が大きく指まで表現されており、そこに地面を踏みしめる所作をうかがわせます。また腕を振り上げたり、下ろしたりする動作があったようで、人物の右腕は大きく振り上げられ、左腕は肘をやや前方に曲げるように、腕を振り下ろす動作が活写されています。両方の手のひらをいっぱいに開くのも、人物の動作を強調する表現法と見てとれます。

注目したいのは、この人物像に非常によく似た形象埴輪が幾例もある点です（図44②③）。いうまでもなく立体の人物像です。それは普通、力士埴輪とよばれ、ふんどしを締めた裸形像が多く、大半は一方の腕を振りあげ、他方の腕を腰にあて、両足をふんばるような姿につくられています。それは、まさに四股《しこ》を踏む所作です。四股は土地を踏み鎮める呪的な儀礼で、その所作をする人物像を古墳上に置くのは、邪霊から他界を護ろうとする行為にほかなりません。

愛知県・長野県・静岡県の国境地域、三信遠地域の山間部には花祭りという予祝行事があります。この祭りでは、鬼の面を着けた舞手が定められた足の踏み方で邪霊を踏み締める「反閇《へんばい》」という呪作をおこないます。

力士埴輪をはじめ、人物埴輪の出現は古墳時代の中期中葉以降ですから、黄金塚二号墳の人物画との間には、百年近い時間差があります。しかし、いずれもが古墳にかかわる造形である点、なにより瓜二つの姿態から、同じ所作をする人物を表現したことは間違いありません。黄金塚二号墳の人物画は、この反閇をおこなう力士《ちからびと》にあたるとみてよいでしょう。

狩猟と反閇

同じ姿態の人物は古墳壁画にも指摘することができます。五郎山古墳の奥壁には同じ姿の人物が三人見え、かたわらには狩猟の場面がみえます。いっぽう、東北の代表的壁画古墳である清戸廹《きよとさく》七六号横穴（福島県双葉町）にも同じ姿態をする人物が大きく描かれています。そして角をもつ鹿に吠えかかる犬と、矢を放つ狩人、そして獲物にむかって飛ぶ矢が描かれます（図45①）。反閇の呪的祭儀とともに狩猟も葬送の儀礼にあっては大切な行事だったようです。保渡田Ⅶ遺跡（群馬県高崎市）から出土した形象埴輪群にも、反閇をする力士埴輪といっしょに狩りの場面を構成する狩人と犬、それに矢負いの猪がみえます。狩猟対象となった猪です。

さらに泉崎《いずみざき》四号横穴（福島県泉崎村）奥壁の絵画には、手に手をとって並ぶ四人の人物像の足元に地面を表現するとみられる一本線が引かれます（図45②）。ほかの古墳壁画に、地面の表現などありません。一列に並んで地面を踏む呪的な儀礼を描いているに違いありません。そのかたわらに鹿に向かい矢を放とうとする馬上の人物像が描かれています。ここにも反閇と狩猟の情景が指摘できます。

一方、野口一号墳（鳥取県倉吉市）から出土した装飾付須恵器には、馬に乗り弓を持って狩りをする人物像の前方に鹿とそれに吠えかかる犬が、その反対側には力競べの取り組みをするふたりの力士が造形されているのも気になります。装飾付須恵器は明器《めいき》として古墳に置かれる土器です。狩猟と反閇の密接な関係が古墳という他界空間を同じくして出現することに注視しておきましょう。

また『万葉集』に、舒明天皇の御猟の折、間人《はしひと》皇女が奉った「たまきはる宇智の大野に馬並《な》めて朝踏ますらむその草深野《くさふかの》」（巻第一―四）という予祝歌があります。そこに、王の狩猟にあたり地を踏む呪術

①清戸迫 76 号横穴

②泉崎 4 号横穴

図 45「反閇」と「狩猟」の壁画

的所作が歌われています。それについては、すでに白川静氏が「宇智野遊猟の予祝的な意味をもつもので（中略）『朝踏ます』とは践土、わが国でいう反閇の儀礼である」と看破しています（『初期万葉論』中央公論社、一九七九年）。

狩猟は地霊の象徴としての動物を狩ることで、その霊力をわが物とする呪的性格の強い儀礼です。それが大地を踏む反閇の所作と大いに関連することは確かでしょう。

この章では、埴輪だけでなく古墳を舞台として造形されたさまざまな考古情報を総合的に検討し、古代人の「こころ」に参入しようと試みるとともに、腐朽して失われ、現存しない事柄にも復元的にせまってみました。古墳という葬送の装置を総体的に捉えた、古墳にかかわる文化論が深められることを期待して、この話を閉じます。

5

LECTURE

埴輪研究の行方

古墳と埴輪

「埴輪祭祀」は存在するか?

古墳研究の世界では、しばしば「埴輪祭祀」や「埴輪のまつり」という用語が聞かれます。それをためらわずに解釈すれば、「さまざまな埴輪を立て並べておこなわれる祭祀行為」とか、「立て並べた埴輪を、祭祀の対象としてまつる行為」という意味になるでしょう。

この「埴輪祭祀」や「埴輪のまつり」という用語は、とりわけ人物埴輪出現以降の段階の埴輪研究の分野で頻繁に使用されます。ところが、そこでは「人物埴輪を中心とした形象埴輪群に表現される往時の儀式」とか「埴輪を立てた際に、そこでおこなわれた儀式」といった概念で使用されるのが実態です。研究者の概念と用語のうえに隔たりが存在するように思うのは、わたしだけでしょうか。

1章でも触れたように、そもそも「祭祀」とは、自分自身や所属する集団の意志や力のみでは達成が困難と思われる事態を克服し、解決するため「人知を超越した霊力をもつ隠れたモノ」＝「神」の存在を信じ、その霊威に働きかける行為をいいます。それは神が顕現すると思われる場で、くり返される行為を指します。ただその時間的な間隔はさまざまです。

民俗用語に「祖先祭祀」という言葉がありますが、これもくり返される祭祀行為です。しかし被葬者を埋葬した後、その古墳に対する祭祀が長期にわたり定期的にくり返しおこなわれた具体的な考古学上の事例をわたしは知りません。

わたしは「古墳祭祀」は存在しないと考えます。古墳の築造にかかわって「祭祀」という言葉を用いる研究者は、そこにみる「祭祀」という言葉と、民俗事象一般がもつ「祭祀」という語との違いを明確にすべきです。さまざまな学問領域において、使われる言葉は共通した認識のもとに使用されるべきであることは言うまでもありません。考古学もまた同じです。

たとえば前期古墳での竪穴式石槨や粘土槨を構築する過程や、槨を封土内に埋め込む過程での赤色顔料の散布行為や壺形土器の破砕行為など、個々の呪術的な儀礼を「祭祀」とみる事例にしばしば出会います。しかし、それは墓としての古墳を築く工程ごとにおこなわれる儀礼であって、「祭祀」ではありません。

考古学研究者は「祭祀」という語を安易に、また恣意的に使ってはいないでしょうか。

象徴と結界

古墳に埴輪を立てる行為は、弥生後期の墳丘墓上に底部を穿孔した二重口縁壺や加飾壺、また加飾器台などをすえるところから始まり、段階を追って個々の形象と配置にデフォルメと誇張が加えられていきます。したがって初期古墳の段階では、壺と器台を起源とする〝形〟をもった土製品が主流を占め、それが墳丘上縁や墳丘裾、段築をもつ墳丘では各段のテラス上に立て並べられます。

なかには円筒埴輪や朝顔形埴輪の側面に「鰭《ひれ》」とよばれる板状の突起を付けた事例も多く、そこに墳丘への侵入を拒み、墳丘を外なる世界から結界しようとする強い意志の反映が見られるではありませんか。さらに埴輪列に盾形埴輪を加え、外なる世界（此界）から内なる世界（古墳＝他界）を守護する心意はいっそう確かとなります。

墳丘をめぐる円筒埴輪列の景観をよく観察できる古墳のひとつが、墳丘の復元整備がなされた前期後葉の大型壺形墳、五色塚古墳（兵庫県神戸市）です。眼下に明石海峡を望む段丘上に位置し、その巨大な壺形墳の姿を航空写真などでご存じの方も多いことでしょう。三段築成の墳丘の段ごとに、円筒埴輪四～六本に一本の割合で朝顔形円筒埴輪を立てめぐらせたさまは壮観で、まさにそこが壺の世界であることを語っています。これらの埴輪はすべて両側面の縦方向に鰭が付き、隣り合う埴輪の鰭どうしが接したり、またわずかな重なりをもって、円筒埴輪が隙間なく立てられています。まさに内なる世界を三重（三段）に仕切る垣が表出されたものと理解される状況が見てとれます（図46上・47①）。そのさまは、

八雲立つ　出雲八重垣　妻籠《つまご》みに　八重垣作る　その八重垣を　（『古事記』神代）

という古代歌謡を想起させます。

また、五色塚古墳と同時期の壺形墳、黄金塚二号墳（京都市）では、大型の盾形埴輪と朝顔形埴輪が四本の円筒埴輪を間にして交互に立てられます（図47②）。加えて盾形埴輪の一つには、前章で述べたように邪霊退散の意味をもって反閇の呪作をなす人物像が線刻され、埴輪列がもつ結界の意味を重ねて主張しています。

さらに伊勢地方最大の壺形墳、宝塚一号墳（三重県松阪市）では、墳丘裾のくびれ部屈曲点や造り出しをめぐる円筒や壺形埴輪列の中央など、墳丘平面の要所に盾形埴輪が立てられる点にも同じ意味が指摘されます。

一方、伊賀地方の前期壺形墳として知られる、石山古墳（三重県伊賀市）では、円形の主丘頂に表面が石でおおわれた方形の壇があって、その周りを一九～二二本の鰭付円筒埴輪が近接してめぐっています。円筒埴輪には小型の衣笠埴輪がのせられていたらしく、貴人の在所であることが言挙げされます。

前章でも紹介したメスリ山古墳（奈良県桜井市）には主丘のいただきに、巨大円筒埴輪が隙間なく二重に立てめぐらされていました（図35）。それは石山古墳の主丘上に設けられた長方形の壇に該当する施設との関連を考えさせます。メスリ山古墳の外側の埴輪列は、石山古墳での鰭付円筒埴輪をめぐらせた囲みに相当すると考えられます。完璧に結界された巨大円筒埴輪をもって見立てられた建物が被葬者のための施設であることは明らかです。

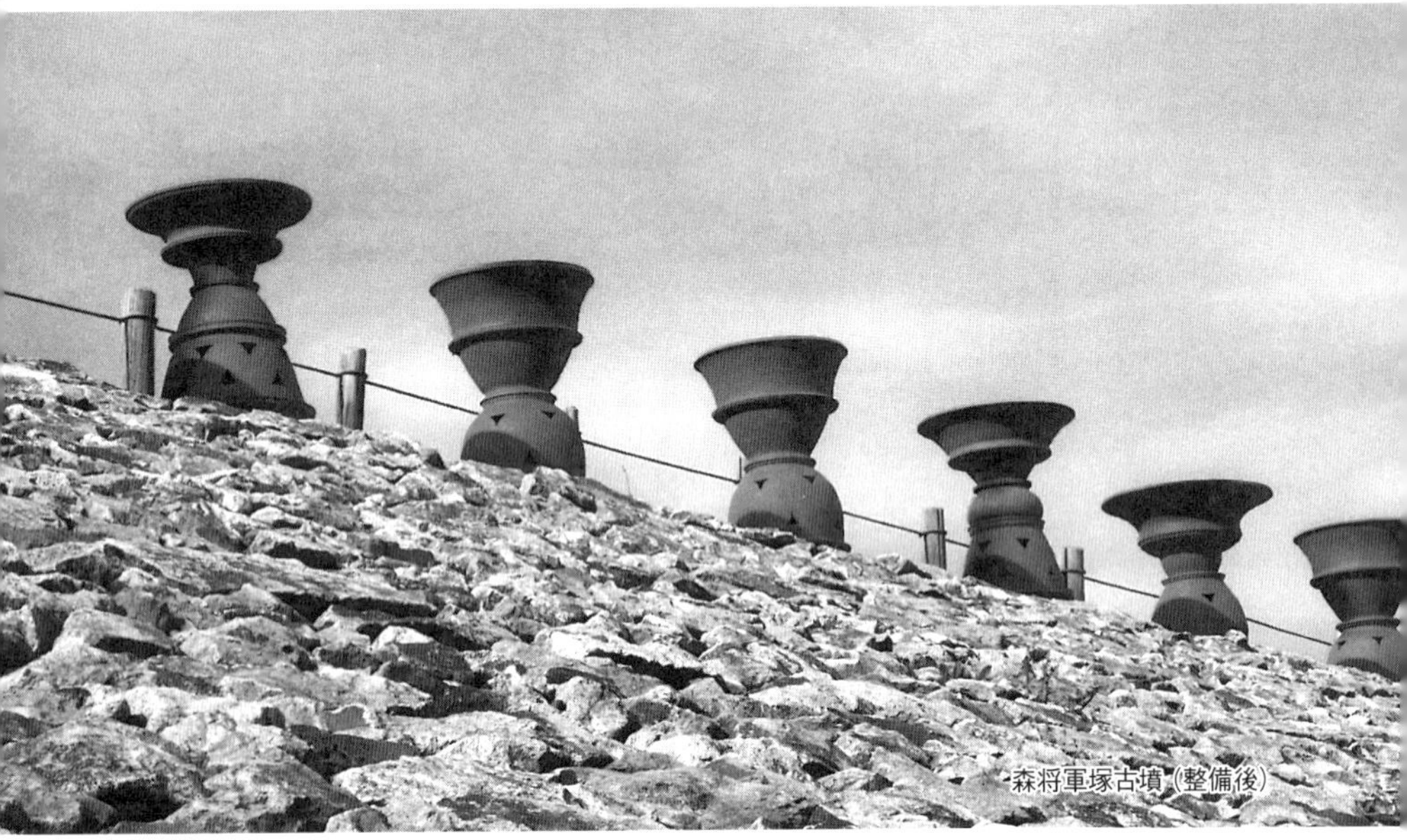

図 46 墳丘上をめぐる壺形埴輪

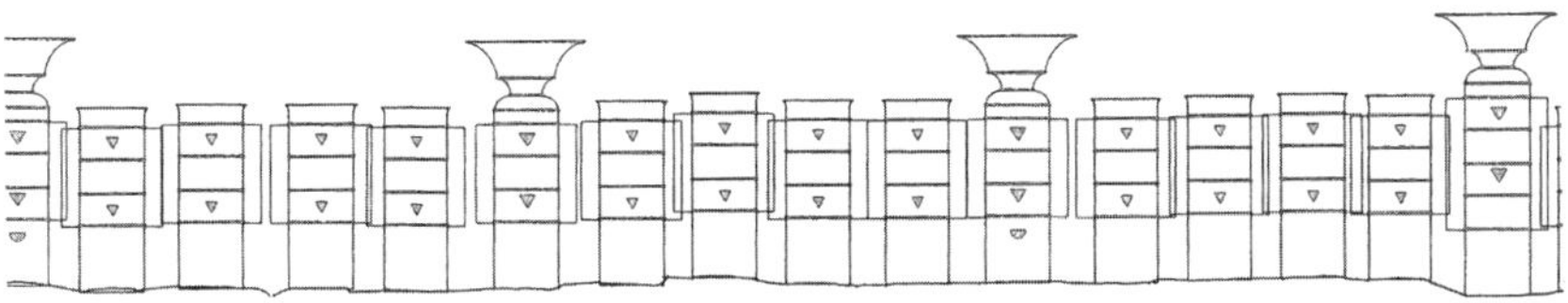

①五色塚古墳

②黄金塚２号墳と反閇の人物画

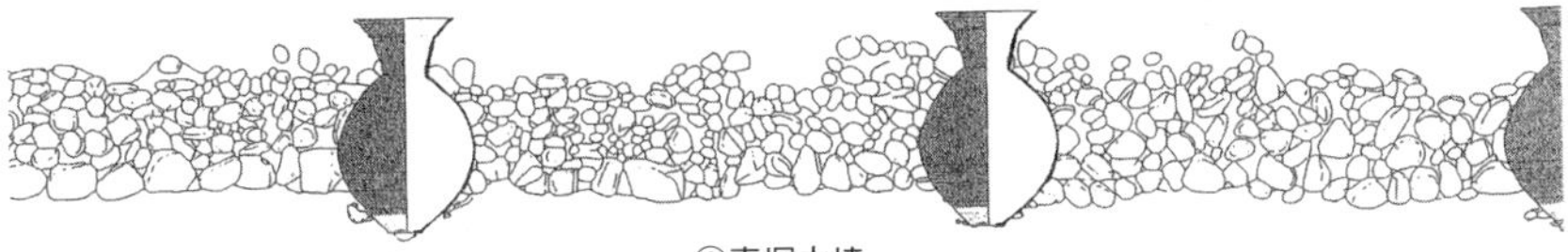

③青塚古墳

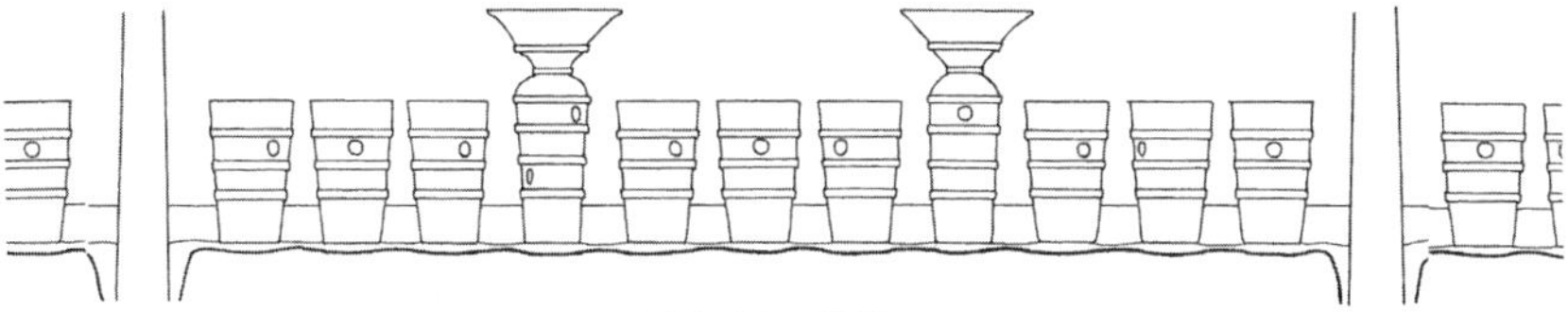

④鴨谷東１号墳

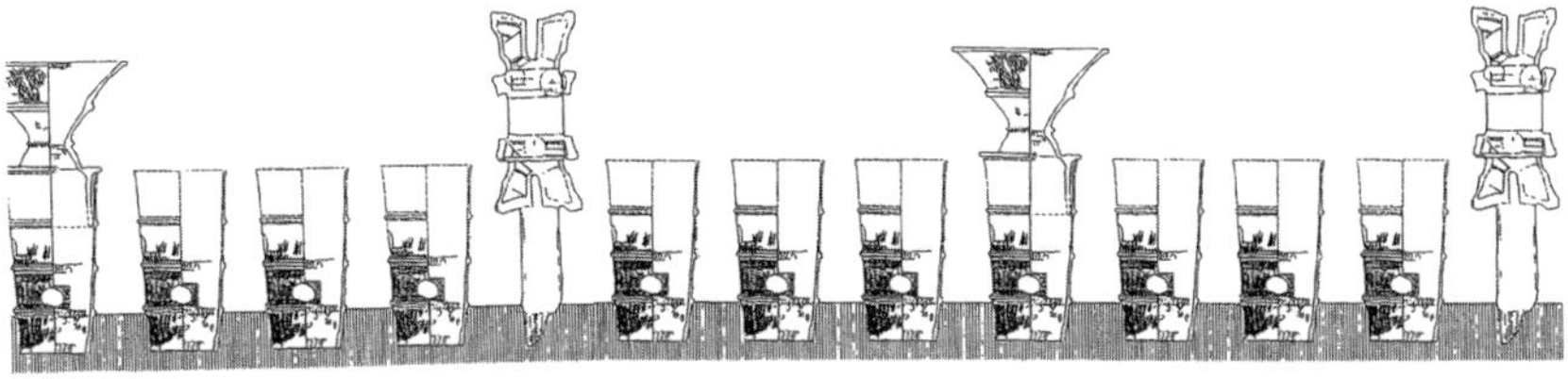

⑤小立古墳

図47 墳丘を結界する仕掛けの諸相

メスリ山古墳に先行する桜井茶臼山古墳（奈良県桜井市）では、竪穴式石槨にコウヤマキ製の割竹形木棺を納めた主丘頂に、高さ約七五センチの方形壇が築かれ、その外周を南北約一二・七メートル、東西約一〇・四メートルの規模で、直径三〇～三五センチの太い丸太を隙間なく立てて垣にしていたことが二〇〇九年の再発掘調査で明らかになりました。丸太垣の高さは二メートルを超えると想定され、内側に築かれた方形壇は、外からはまったく見ることができない状態となります。この丸太垣は、メスリ山古墳では主丘上に立てられた二重の円筒埴輪列の外側埴輪列に変容すると理解されます。桜井茶臼山古墳の方形壇上には、縁端近くを二重口縁壺を形象した壺形埴輪が列状に並んでいたとみられます。しかし、この埴輪壺の列は丸太垣に邪魔されて墳丘の外からは見えません。ここにも見えない場の設《しつら》えがあるのです。壺形埴輪列は、そこが壺の世界であることの表徴にほかなりません。この壺形埴輪は、「壺形土器」とよばれてきましたが、この壺は製作の当初から底に穴があけられていて、墳丘に配置されるために製作されたものである点を重視すれば、これも「埴輪」というべきです。

また初期の竪穴系横口式石室を埋葬施設とする壺形墳として知られる老司《ろうじ》古墳（福岡市）で、主丘の上段裾に壺形埴輪が隙間なく並べられるのも、「結界」と「象徴」を壺形埴輪をもって示そうと意図した結果とみなすことができます。

同様に壺形埴輪を壺形墳丘の裾やテラスに並べた事例は、壺《つぼ》井《い》御《お》旅山《たびやま》古墳（大阪府羽曳野市）、青塚古墳（愛知県犬山市）、尾《お》ノ上《うえ》古墳（広島県福山市）、森将軍塚古墳（長野県千曲市）など数多く指摘されます。美園古墳（大阪府八尾市）や高廻り二号墳（大阪市）でも壺形埴輪がめぐっていたことは、前章で述べました。

古墳は「壺」に象徴される世界として観念されたことが理解されるでしょう。壺形をなす墳丘（前方後円墳）は究極の造形だと認識されるではありませんか。

見えない形、失われた形

家屋文鏡に鋳出された高殿

美園古墳より少し前の時期（四世紀後半）に築かれた壺形墳、佐味田宝塚古墳《さみたたからづか》（奈良県河合町）から出土した家屋文鏡には、建築様式の違う四棟の建物が表現されます（図48）。そのうちのひとつに高床で入母屋屋根をもつ、美園古墳の高殿形埴輪にそっくりの建物がみえます。建物の右側には手摺りのついた梯子《はしご》が架かっており、左側には大きな衣笠が差しかけられています。衣笠は高貴な人に差しかける笠であり、それを形象した衣笠形埴輪は早い段階から出現する形象埴輪で、古墳が貴人の他界空間であることを示しています。したがってこの建物が四棟の建物のなかでも、貴人にかかわるもっとも格の高い建物とみなしてまちがいないでしょう。しかも右側に架けられた梯子の上には、平行する二本線で鉤形が描かれ、そのなかに座る一人の人物像があります。

鉤形の線は、同じ鏡の随所に見え、いわゆる雷文とよばれる図文です。雷や稲妻が顕現する神の表象であることは、『日本書紀』の雄略天皇が三諸岳《みもろのおか》（三輪山）の神の姿を見ようとする説話などにみえます。少子部連蜾蠃《ちいさこべのむらじすがる》は雄略天皇の命をうけ、三諸岳に登り大蛇《おろち》を捕らえ、天皇に見せようとしましたが、天皇が斎戒《ものいみ》しなかったために怒った大蛇は、雷鳴とともに眼をかがやかせました。天皇はとっさに目をおおって大蛇を見ることなく殿中に隠れ、大蛇を岳に放たせて、蜾蠃に雷という名を賜った（『日本書紀』雄略七年七月条）という話です。『日本霊異記』冒頭の小子部栖軽《ちいさこべのすがる》の雷捕捉譚は、その変容です。

また雷神が丹塗矢《にぬりや》と化して川をくだり、巫女（玉依日売）を孕ませるという、『山城国風土記』逸文にみえる可茂社《かものやしろ》（下鴨神社）の縁起はよく知られます。玉依日売とは「神が依り憑く巫女」の意にほかならず、雷を祭場に来臨する神の一表徴とする観念がここにみられます。

さて、美園古墳の高殿形埴輪をよく見ると、高床部分外側にめぐる付庇《つけびさし》の一カ所に小さな穴が貫通していることに気づくでしょう（図４）。穴があるということは、そこに何かが差し込まれていたはずです。家屋文鏡の高床建物に、大きな衣笠の竿が斜めに差しかけられて表現されていたことを合わせ考えると、この穴が衣笠を差しかけるための仕掛けの痕跡と容易にみなすことができます。おそらくミニチュアの衣笠が竹ヒゴや布を素材にして製作され、その細い竿が穴を貫いたか、そこに紐を通して衣笠の竿を結び止めたかのいずれかでしょう。穴の大きさから後者の可能性が高いとわたしは考えています。

埴輪は、わたしたちが目にする今の状態で古墳上に置かれていたと考えるべきではありません。布や木などの有機質素材で作られた装飾や付属品がとり付けられて、彩色が施されていた可能性はおおいにあるとみるべきでしょう。現在、わたしたちが目にする古墳からの出土品の多くは、土製や石製、また鉄や青銅製品ばかりです。しかし、近年徐々に姿をあらわしてきた埴輪と同じ形状をしたさまざまな木製の器財形の遺物（「木の埴輪」などとよばれますが、「埴」は粘土のことですから、正しい命名ではありません）の存在は、考古学者にもっと柔軟な視点で、古墳文化を眺めるように促しています。

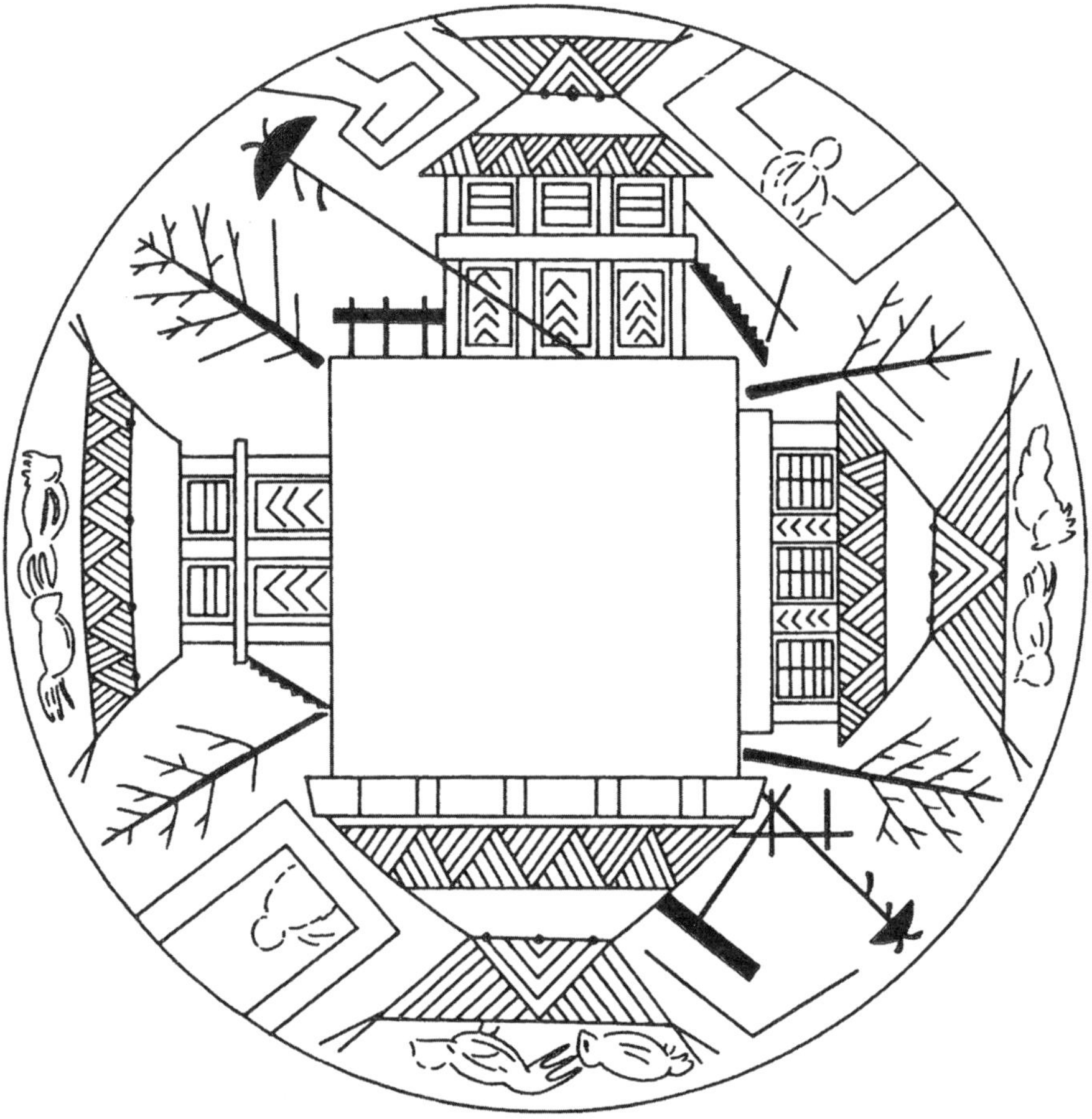

図 48 家屋文鏡の家屋図

それを次にみてみましょう。

埴輪形の木製品

鴫谷東《しぎたにひがし》一号墳（京都府与謝野町）は、墳丘をめぐる円筒埴輪列で三段に結界されています。なかでも中段と下段の円筒埴輪列には、一定の間隔で朝顔形埴輪とともに木柱が立てられたとみられる柱穴が検出されました（図47④）。柱の上にいかなる造形（笠形や衣笠、鳥形など）が組み合わされていたのかは不明ですが、墳丘をめぐるのは、埴輪だけではないことがわかった例です。

実は、先にあげた五色塚古墳にも、隙間なく並ぶ中段埴輪列の外側に近接して一定の間隔で柱穴が検出されています。

さらに小立《こだち》古墳（奈良県桜井市）では、円筒埴輪、壺形埴輪を載せた円筒埴輪と並んで、首長権を象徴する杖の上端や矛の外装の形を極限にまで装飾化した「石見型」とよばれる木製品が壺型墳の裾をめぐって検出されました（図47⑤）。結界の仕掛けです。わたしはその造形心意が王権を象徴する点にあるとみて、それを「聖標」と呼称したいと思います。

埴輪と同じ意図をもって墳丘に木柱を立てめぐらせる事例は、高橋美久二《たかはしよしくに》氏が今里車塚《いまざとくるまづか》古墳（京都府長岡京市）で明らかにされて以来（「長岡京市今里車塚古墳の笠形木製品」『山城郷土資料館報』第三号、一九八五年）、いまや各地で類例が報告されるようになりました。今里車塚古墳では大小二種の木柱が交互に立てられ、その上に別の木製品を装着したことが想定されています。衣笠形をした木製品の部材と考えられます。なお同古墳からは、大きな翳《さしば》形木製品も出土しています。

また白米山古墳《しらげやま》（京都府与謝野町）では、主丘頂を一メートル余の間隔で円形（直径約二〇メートル）にめぐる柱穴列が検出され、その内側の主体部上には約一二×八・五メートルで長方形にめぐる細い柱穴列が検出され、木柱を立てめぐらせたことは確かです。

埴輪を飾る貝製品

先の小立古墳では聖標形木製品のほか、靫・盾・大刀などを形象した木製品が墳丘に立てられていましたが、それらには随所に円形の品をとり付けた痕跡と、それをとり付けるための釘穴がありました（図49）。表面にとり付けられた品は腐朽して遺っていませんが、その実態が纏向遺跡（奈良県桜井市）出土の聖標形（石見型）埴輪からうかがい知ることができます。埴輪の表面にはホタテ貝の形が幾つも線刻され、中に小さな円が刻まれています。同じ形状の石製品が三池平古墳《みいけだいら》（静岡市）などからも出土しています（図50）。中央に小さな穿孔があって、何かにとり付けられたものであったことがわかります。鶴山古墳《つるやま》（群馬県太田市）からは木製黒漆塗りの盾にとり付けられた月日貝《つきひがい》が八枚出土し、岩崎山《いわさきやま》一号墳（香川県さぬき市）や赤妻古墳《あかづま》（山口市）などから出土したホタテ貝やハマグリとみられる貝などを利用した貝製装飾品も参考となります。

したがって小立古墳例でも貝製装飾が装着されていた可能性が高く、その痕跡が円形である点と、それを綴じ付けた釘穴が円形輪郭のやや上位にある点から、当該の装飾も月日貝やホタテ貝製であったと推察できます。この考察は金蔵山古墳《かなくらやま》（岡山市）、保津岩田古墳《ほついわた》（奈良県田原本町）、亀塚古墳（大分市）出土の盾形埴輪に刻まれた水字貝《すいじがい》をデフォルメした図文についても一考をうながします。すなわち盾に水

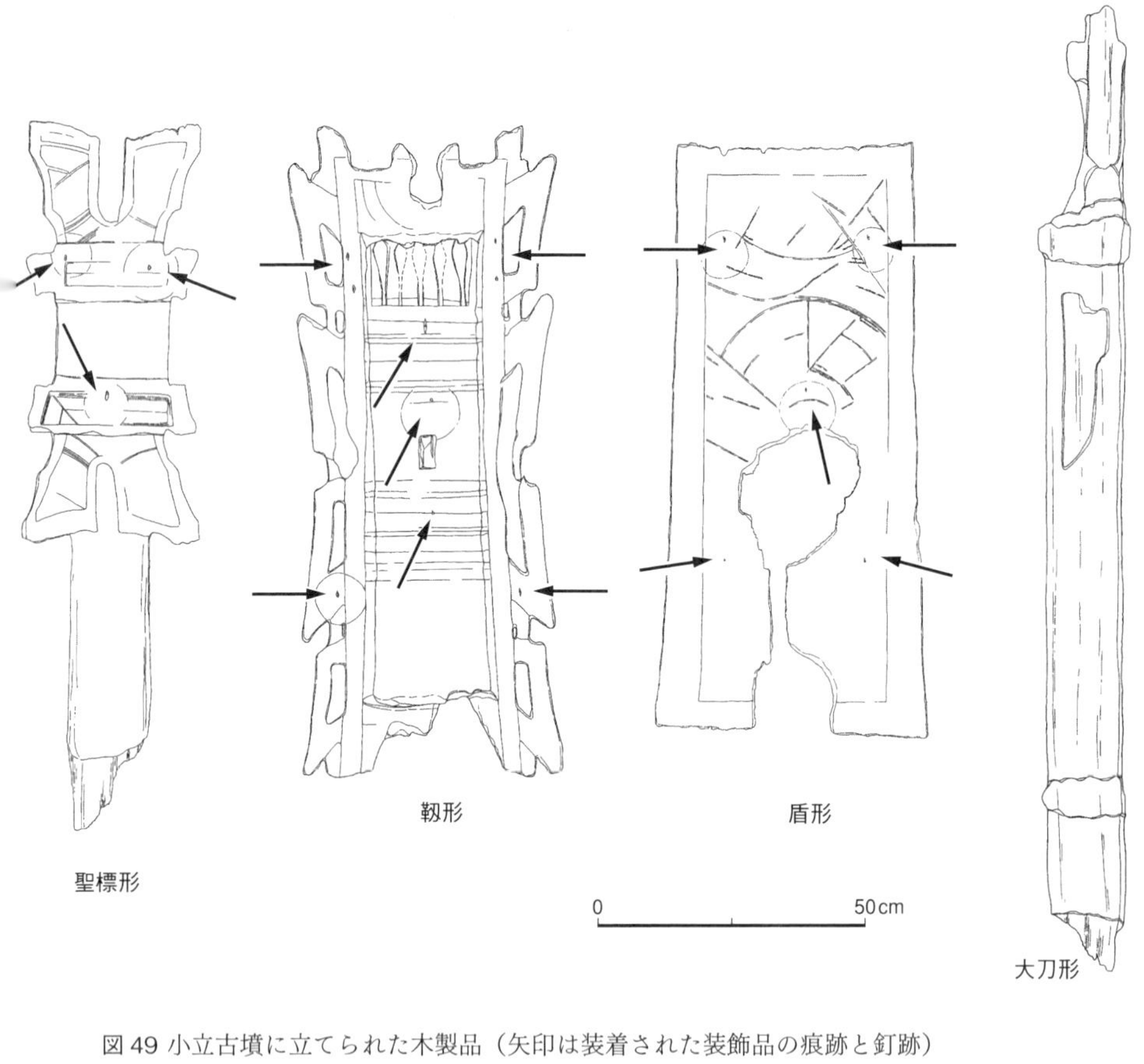

図49 小立古墳に立てられた木製品（矢印は装着された装飾品の痕跡と釘跡）

図50 三池平古墳（静岡市）出土の貝を祖形とする石製装飾品

字貝を装着した可能性もあるのです。それは盾や石見型、また家形などの形象埴輪に散見される小穴の性格を考える参考ともなるのではないでしょうか。

埴輪の木製パーツ

2章で宝塚一号墳（三重県松阪市）出土の、水の祭儀場を造形した埴輪を紹介しましたが、同古墳出土の形象埴輪のなかでも全長一四〇センチ、高さが一メートル近い日本最大の船形埴輪は、その華麗な装飾性のゆえにひときわ注目される埴輪です（図51）。衣笠や、大刀、聖標など、王権を象徴する数々の器物の形代《かたしろ》が別づくりで、船底や甲板にあけられた穴（図52）に挿し込まれて船上を飾るさまは圧巻です。それらの形代は船体に比較して、格段に大きく造形され、船自体の尊貴性をいっそう強調しようとする心意は明らかで、実にすばらしい形象埴輪です。

この船形埴輪をはじめて見たわたしの目をひきつけたのは、衣笠と大刀を両側から守護するかのように挟むハート形をした飾り板です。ちょうど船の主軸方向に直交し、二枚の飾り板が衣笠と大刀のそれぞれを逆ハの字に抱くかのようで、赤堀茶臼山古墳《あかぼりちゃうすやま》（群馬県伊勢崎市）から出土した玉座を形象した埴輪の背もたれの形状と瓜二つなのには驚きました。また、おじょか古墳（三重県志摩市）の初期横穴式石室から出土した、被葬者が眠る埴製枕の頭上装飾とも同じ形状でした。まさに権威のシンボルとなる「かたち」と理解され、それに護られるように船上に立つ衣笠と大刀が貴人を象徴する大切な器財であることを語っています。

この船形埴輪で注意したいのは、船底にあけられた穴が三つあって、その両端の穴には聖標を表象した土製の形代が挿し込まれているのに、まんなかの穴には何も挿し込まれてはいなかった点です。穴の周縁にはドーナツ状に粘土が貼りめぐらされて、挿し込まれた器物がぐらつかない仕掛けになっています。穴があけられていたわけですから、何かを立てたことは間違いありません。そこに有機質の素材でつくられた器物が存在したとみなければ、古代を復元することはできません。では、何が立てられていたのでしょうか。

それを考えさせる好資料が宝塚一号墳より百年ばかり前の三世紀末に築かれた東殿塚古墳（奈良県天理市）の円筒埴輪に線刻された三つの船画です。いずれの船上にも布帛《ふはく》がたなびく旗竿が立てられています（図39）。この船画を参考にすると、宝塚一号墳の船形埴輪の船底にあけられた穴に、有機質の素材でつくられた旗の立てられていたことが容易に想像できます。木製や竹製の竿に、布を何枚もとり付け、風を受けてはためくようになっていたのでしょう。

さらにくだんの船形埴輪をながめると、両舷側の上縁に、矩形《くけい》の突起が三つずつ、それぞれの中央には直径が一センチばかりの円い穴が貫通しています。それが櫂《かい》を挿し込むための仕掛け（櫂座）であることは言《げん》を俟《ま》ちません。そこにミニチュアの木製櫂が並んでいたはずです。ほかの船形埴輪にも同じ性格をもつ突起が舷側上縁に造形されていますから、墳丘上の船形埴輪に木製櫂が添えられたのは間違いありません。旗のなびきと幾本もの櫂に他界へいそぐ霊魂の動きが重ねられていることに気づいていただきたいと思います。

船形埴輪の事例をもうひとつ紹介しましょう。4章でご紹介しました高廻り二号墳の船形埴輪には、舷側板上部とそのすぐ下に貼りつけられた突帯《とったい》に、それぞれ径二ミリの小孔が穿たれています。しかし、

図51 宝塚1号墳出土の船形埴輪　衣笠を抱くハート形の「かたち」と聖標の形代がわかる
（三重県松阪市）

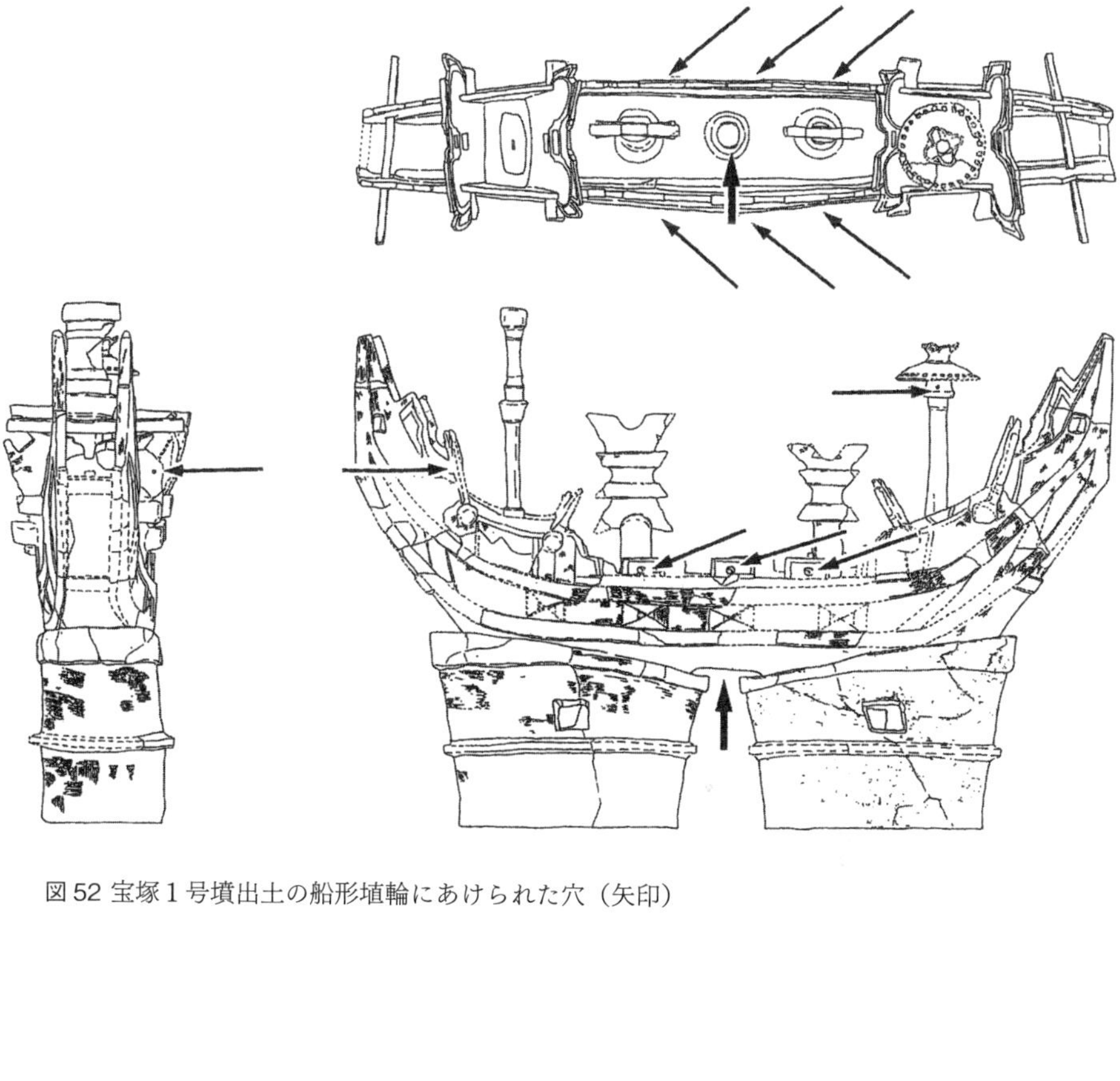

図52 宝塚1号墳出土の船形埴輪にあけられた穴（矢印）

報告書は「意図は不明」と記述するのみです。「形あるところ心」あり。意味のない造形など存在しません。

そこに見る小穴にも、意味があるはずです。再度、東殿塚の船画を見ると、描かれた三つの船画とも、舷側に並ぶ櫂の列とは別に、艫《とも》寄りに一本の大きな櫂が描かれるではありませんか。操舵櫂です。くだんの船形埴輪の小穴に紐を通して、木製操舵櫂を結わえつけたとみることができます。舷側上部に突出した四本の櫂座（ローロック）にも推進具としてのミニチュアの木製櫂が添えられていたことは東殿塚古墳の船画からも明らかです。眼前にある船形埴輪からもっと想像を膨らまさなければ古代は見えません。

こうした船形埴輪の往時の姿形については、拙著『他界へ翔る船』（新泉社、二〇一一年）で詳細な復元と分析をおこなっていますので、ぜひお読みいただきたいと思います。

見えない造形

1章や4章でも述べたように、わたしはかねてから美園古墳の高殿形埴輪の牀は、記紀にみる「神牀」であると主張してきました。注意したいのは、埴輪の窓に顔を寄せない限り、屋内の造作を視認することがむずかしいという点です。この家形埴輪は、壺形埴輪をめぐらせた墳頂の中央に置かれたと考えられ、周濠を隔てた墳丘外から屋内にある牀の存在を確かめることは不可能で、見えない造形ということになります。それは被葬者のために造形されたものなのです。埴輪の本質をよく語る例です。

同様の例をもうひとつあげておきましょう。2章でも触れましたが、宝塚一号墳の囲形埴輪内に置かれた家形埴輪がそれです。切妻平屋建物をかたどった埴輪の屋内には床が張られ、そこにいわゆる浄水施設が作り出されています。両方の妻壁には穴が開けられ、外側の一方には水を受けて屋内へ流し込む槽が、他方には排水の仕掛けである樋が作られています。その形象は南郷大東《なんごうおおひがし》遺跡（奈良県御所市）で発掘された水の祭場とよく似ています。注目したいのは、囲形埴輪のなかに据えられた家形埴輪の屋内にある浄水祭祀の仕掛けを外部から見ることは困難だという点です。見られることを意識して形あるものは作られるというのは、現代人の思惟です。しかし、古代人の造形感覚は違うのです。その建物の中に浄水祭祀の装置がなければならなかったのです。人に見せるために造形するものではないのです。「見える」とか、「見えない」という問題ではなく、それは被葬者のためになくてはならない施設なのです。

これらの例から、形象埴輪が表わす世界は、被葬者の来世空間（他界の王宮）であることを強く主張しているのです。

失われた造形

宝塚一号墳に置かれていた浄水祭祀施設の形象埴輪は、心合寺山《しおんじやま》古墳（大阪八尾市）のくびれ部にも置かれていたことも2章で触れました。囲形と家形が一枚の粘土板の上に一体で造形されたその埴輪には、建物の両妻壁の下に開けられた小さな穴と塀側に開けられた穴がつながるように溝が造形されます。屋内にも宝塚一号墳の囲形埴輪内に置かれた家形埴輪同様に床が張ってあります。しかし、その中央、妻側の両壁に開けられた穴をつなぐ部分には溝の造形はありません。逆にその部分は切り抜かれ、長方

図53 心合寺山古墳（大阪府八尾市）「水の祭儀場」の形象埴輪の内部（発掘中）

図54 狼塚古墳（大阪府藤井寺市）「水の祭儀場」の形象埴輪

形の穴が開いている状態でした(図53)。浄水祭祀のための槽形を造形した木製品がそこにはめ込まれていたと考えないと、この埴輪の形は完成しないと考えます。

また狼塚《おおかみづか》古墳（大阪府藤井寺市）では囲形埴輪のなかに、土製の浄水祭祀用の槽形の形代だけが置かれていました(図54)。心合寺山古墳の例からの考察して、それは木製の建物のなかに置かれていたと認識できます。

ひとつの埴輪を造形するにあたって、土・木・布などのさまざまな素材が合わせ使われた可能性を考えるべきです。もちろん彩色が施されることもあったでしょう。また布はいろいろな色に染められていたことでしょう。埴輪は現在のわたしたちが見ている状態よりも、もっと多様な色彩で飾られていたと思われます。腐朽してしまった造形が、あまりにも多いことを念頭に埴輪研究は進められなければなりません。

LECTURE 6

紀氏と葛城氏——王権祭儀の情景

古代学

わたしは学生時代、和歌山市でおこなわれた発掘調査に何度も参加しました。製塩遺跡の加太《かだ》のしょうぶ谷遺跡、壺形墳の造り出しから力士埴輪をはじめとする形象埴輪群が出土したことで知られる井辺《いんべ》八幡山《はちまんやま》古墳、弥生集落の太田《おおた》・黒田《くろだ》遺跡などです。なかでも井辺八幡山古墳の発掘では、西造り出しの発掘をまかされ、多種多様な形象埴輪や装飾付須恵器を検出し、その整理に夢中になったものです。

さて、発掘されたさまざまな遺構や遺物は、それだけではなかなか往時に生きた先人の生活や生きざまを語ってはくれません。わたしたちは、発掘調査から先人の営為を読みとって歴史を復元する作業を積み重ねていかなければなりません。

考古資料に歴史を読みとる作業として、わたしは『古事記』『日本書紀』『万葉集』、さらには各風土記などの諸文献史料のほか、民俗学・民族学・神話学・国文学などの成果やデータを援用しつつ、考古学資料を肉付けして先人の営みを復元する研究手法をとり、それを「古代学」とよんでいます。たとえば古墳時代を例にすると、なぜ首長の墓の多くが前方後円という特異な「かたち」をとるのか、なぜその墳丘上に壺の「かたち」をした埴輪が並べられるのか。これらの「かたち」の意味の背後にある思想について、考古学ではほとんど検討されることはありませんでした。これでは古墳を築いた人びとの考えを理解することはできません。しかし考古学をとりまくさまざまな学問をとり込み、思考を深めれば、そこにおのずから古代人の他界観・死生観がみえてくるのです。4章、5章を参考にしてください。

最近のわたしは古代の他界観を対象にした研究をもっぱらおこなっていますが、この章では古代の大豪族、紀氏や葛城氏が現世で首長として地域を統治するうえでおこなった祭儀について、考えてみましょう。

建内宿禰とその後裔氏族

『古事記』の孝元天皇段には、ヤマト王権を構成したいくつもの臣《おみ》の姓《かばね》をもつ有力氏族が建内宿禰《たけしうちのすくね》という人物を共通の始祖とした同族系譜がみえます（図55）。紀氏の祖である木角宿禰《きのつぬのすくね》もそこに名を見せています。

「建内宿禰」という表記は『古事記』に従ったもので、『日本書紀』には「武内宿禰」とありますが、ここでは『古事記』の表記に従っておきます。

この系譜記事によれば、建内宿禰は孝元天皇の皇子である比古布都押之《ひこふつおしの》信命《まことのみこと》と木国造《きのくにのみやつこ》の祖である宇豆《うず》比古《ひこ》の妹である山下影日売《やましたかげひめ》のあいだに生まれたとされる人物です。木国造とは紀伊国造にほかなりません。和歌山の豪族を母方の出自にもつ人物なのです。景行・成務・仲哀・神功・応神・仁徳の諸朝に大臣《おおおみ》として仕え、三百歳近い齢《よわい》を生きた長寿の忠臣と語られています。もちろん実在した人物とみることはできませんが、しかし伝承成立の過程で、紀伊国造の伝承がかかわりをもった可能性は考えられます。

建内宿禰は「たまきはる内《うち》の朝臣《あそ》」（『日本書紀』仁徳天皇五十年条）ともよばれています。このことから、「建」は美称で、「内」に名前の本質が語られているとみられます。そこで和歌山市名草地区の内原や、紀ノ川左岸の和歌山市宇治という地名との関係が考えられます。建内宿禰の義兄にあたる宇豆比古は、『日本書紀』では菟道彦《うじひこ》と表記されます。菟道は宇治の古表記で、京都府宇治市に菟道という地名が残っています。仁徳天皇に大王位を譲って自死した菟道稚郎子《うじのわきいらつこ》の菟道宮《うじのみや》は、山代国宇治の地に営まれます。したがって和歌山市宇治も「内」とまったく関連がないとは断定できません。なにより平安初期に成立したとされる『紀《き》氏《し》家牒《けちょう》』に「紀武内宿禰」と見え、つづいて紀伊国で産まれたからであるとする注が付されるのも無視できません。

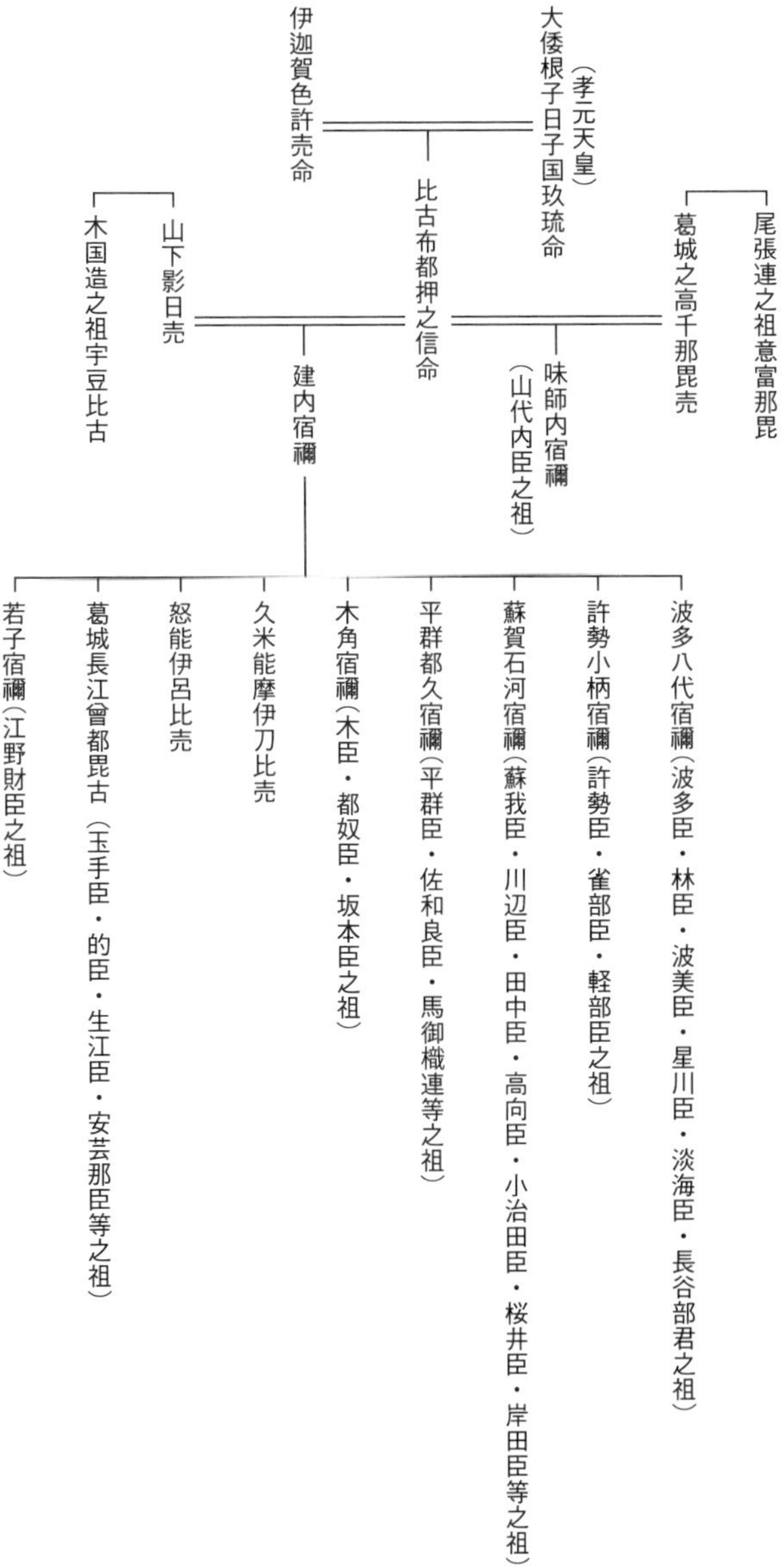

大倭根子日子国玖琉命（孝元天皇）
伊迦賀色許売命
比古布都押之信命
尾張連之祖意富那毘
葛城之高千那毘売
山下影日売
木国造之祖宇豆比古
味師内宿禰（山代内臣之祖）
建内宿禰
波多八代宿禰（波多臣・林臣・波美臣・星川臣・淡海臣・長谷部君之祖）
許勢小柄宿禰（許勢臣・雀部臣・軽部臣之祖）
蘇賀石河宿禰（蘇我臣・川辺臣・田中臣・高向臣・小治田臣・桜井臣・岸田臣等之祖）
平群都久宿禰（平群臣・佐和良臣・馬御織連等之祖）
木角宿禰（木臣・都奴臣・坂本臣之祖）
久米能摩伊刀比売
怒能伊呂比売
葛城長江曾都毘古（玉手臣・的臣・生江臣・安芸那臣等之祖）
若子宿禰（江野財臣之祖）

図55 建内宿禰系譜

ただ、建内宿禰とは異母兄弟に味師内宿禰《うましうちのすくね》（母は葛城之高千那毘売《かずらきのたかちなびめ》）が存在し、彼の名にも「内」がみえるとともに、そこに「山代内臣之祖《やましろのうちのおみ》」と注されるのも気になります。もちろん「味師」も「うましくに大和」などと同じように美称です。山代内臣とは、山城国綴喜郡有智郷、現在の京都府八幡市内里に居住した氏族で、同地には内神社（式内社）が現在も鎮座しています。内里は大和から南山城を経て山陰に向かう山陰道が木津川を渡る手前に位置する交通上の要衝にあたり、また宇治郡宇治郷も、北陸道と宇治川が交差する要衝です。「宇治」や「菟道」も「うち＝内」の意味をもつ地名であることは間違いありません。

なお、『日本書紀』応神天皇九年条には、甘美内宿禰《うましうち》（味師内宿禰）が武内宿禰《たけしうち》（建内宿禰）の謀殺に失敗し、武内宿禰の母方の出自家にあたる紀直《きのあたい》（木国造・紀伊国造）等の隷属民になったという興味深い記事がみえます。山城国には宇治郡に西接して紀伊郡があり、風土記の逸文には宇治郡の古名を「許乃《この》国《くに》」と呼んだという。「許」は「木」に通じ、紀伊（木）の領域が宇治郡まで及んだことが推察できそうです。さらに宇治郡と境を接する久世《くせ》郡にも宇治郷があって、同郡が本来は宇治郡に属していたことを語っています。すると、山城国における紀伊（木）の範囲は三郡に及んで「許乃国」と呼ばれた時期があった可能性が高く、それは紀氏が大阪湾から淀川を溯り、山城地域に拠点を拡大した時代があったことをうかがわせるではありませんか。山代内臣の拠地である綴喜郡は久世・宇治両郡と接した地域で、わたしはその時代が先の応神九年条の記載に反映しているのではと考えています。

さて、大和から紀伊を経て、四国に向かう古南海道沿いに、もうひとつ「うち」という地名がありま す。大和の国が紀伊国に接する地域、現在の奈良県五條市あたりが宇智郡で、そこにある王族の狩猟場を「内野」とか「宇智の大野」とよんだことが『万葉集』にみえます。「天皇の内野に遊猟《みかり》したまひし時に、中皇命《なかつすめらみこと》の、間人連老《はしひとのむらじおゆ》をして献《たてまつ》らしめし歌」という題詞をもつ、

たまきはる宇智の大野に馬並《な》めて朝踏ますらむその草深野《くさふかの》　（『万葉集』巻第一―四）

という歌はよく知られています。そこは大和が外なる世界（外国《とつくに》）と接する地域。まさにそこから大和側が「内」なる王権の中枢と意識されていたことがわかります。それが「内」の意味であり、さきの和歌山市内の「うち」地名にもそうした残影を見てとることも可能でしょう。

すると、景行朝から仁徳朝の五朝に仕えた建内宿禰という人物名が「ヤマト王権の支え」という属性をもつことがほの見えてくるではありませんか。それが木（紀伊）国造と、なんらかの関連をもって伝えられていたことがうかがえるのです。

『古事記』の孝元天皇段には建内宿禰の子として、波多八代《はたのやしろ》宿禰・許勢小柄《こせのおから》宿禰・蘇賀石河《そがのいしかわ》宿禰・平《へ》群都久《ぐりのつく》宿禰・木角《きのつぬ》宿禰・久米能摩伊刀比売《くめのまいとひめ》・怒能伊呂《ののいろ》比売・葛城長江曾都毘古《かずらきのながえのそつびこ》・若子《わくご》宿禰の名がみえます。怒能伊呂比売が葛城地域の人物であったことは『古事記』が載せる応神妃のひとり、「葛城の野伊呂売」という同一人物とみられる名からわかります。

建内宿禰の後裔氏族の大半が、生駒・葛城地域を中心とする奈良盆地の西寄りに勢力をもっていた在地有力豪族たちであったことが彼らのウジの名から容易におわかりいただけると思います。

ところが木角宿禰を祖とする木（紀）臣のみが、紀伊国名草郡から海部郡・那賀郡（現在の和歌山市・

紀の川市・海南市あたり）を拠地とし、大和を拠地とするほかの同族氏族とはやや性格を異にするように受けとられます。しかし『日本書紀』は、応神・仁徳朝に紀角宿禰が羽田・蘇我・平群・葛城などの諸豪族らとともに百済に渡海した記事を載せています。さらに雄略九年には紀小弓《きのおゆみ》宿禰が蘇我韓子《そがのからこ》宿禰らと新羅征討の大将軍に任じられ、渡海して新羅軍を破りましたが、そのなかで名草郡に拠所する豪族とみられる紀岡前来目連《きのおかざきのくめのむらじ》が戦死しています。やがて小弓宿禰が陣中で病没、小弓の子、紀大磐《きのおいわ》宿禰が新羅や百済に赴き専横をふるったという記事があります。

どうやら木（紀）氏は、はやくから大和西南部の諸豪族と密接な関係にあって、王権の半島経営に参画したことが建内宿禰同族系譜誕生の背景にあったと考えられます。

紀ノ川右岸の丘陵上に位置する壺形墳、大谷《おおたに》古墳（和歌山市）出土の馬冑《ばちゅう》や馬甲《ばこう》。また有田市の海浜に築かれた椒《はじかみ》古墳出土の蒙古鉢形冑《もうこばちがたかぶと》。紀の川市の丸山古墳出土とされる鉄鍑《てつふく》など、大陸系の特異な遺物は、そうした木（紀）氏の動向を裏付けています。

居館遺跡の諸相

さて、それでは古墳時代の豪族の実態を考古学の分野からどこまであきらかにできるでしょうか。もちろん、彼らが葬られた古墳の実態から迫る従来の研究手法もあります。ここでは近年、新しい発掘成果が蓄積されつつある豪族居館関連遺跡から木（紀）氏や葛城氏について考えてみることにしたいと思います。

王家の倉と豪族の倉

一九八二年、紀ノ川右岸の和歌山市善明寺地区の丘陵上に位置する鳴滝《なるたき》遺跡で、古墳時代中期前葉の計画的に配置された大型掘立柱建物跡が七棟も発掘された当時は、前例がなく研究者を驚かせました。それは、ともすれば大型古墳や古墳群の分析に頼りがちな古墳時代研究に新たな視点をひらく発掘として学史にのこるものです。

鳴滝遺跡では、床面積が約六〇平方メートルの大型建物が五棟、棟筋を並行させて南北方向に一列に並び、さらにその東側に床面積約六八平方メートルと約八〇平方メートルの同じ様式の建物が南北に並んでいました（図56）。いずれも総柱の高床式建物で、整然と並ぶことから倉であったとみてよいでしょう。七棟のうち、もっとも北に建つ一号建物跡からは、建物を解体して柱を抜き取った穴にたくさんの初期須恵器の大型甕が放り込まれた状態で検出され、本来は当該の建物に収められていたと考えられます。しかし、倉には甕だけが収められていたわけではありません。その中身こそが収納・貯蔵の対象だったとみるべきでしょう。

近年、各地で古墳時代の大型の倉の遺構がみつかるようになってきました。たとえば大阪府豊中市の蛍池東《ほたるがいけひがし》遺跡（中期初頭）は伊丹空港のすぐ東、猪名川《いながわ》流域の沖積平野より少し高い段丘端にある遺跡です。東北から南西方向に六棟以上の総柱掘立柱建物が並んでいました。鳴滝遺跡の建物よりふたまわりほど大きい、総床面積が一〇〇平方メートルを超えるものが二棟あります。

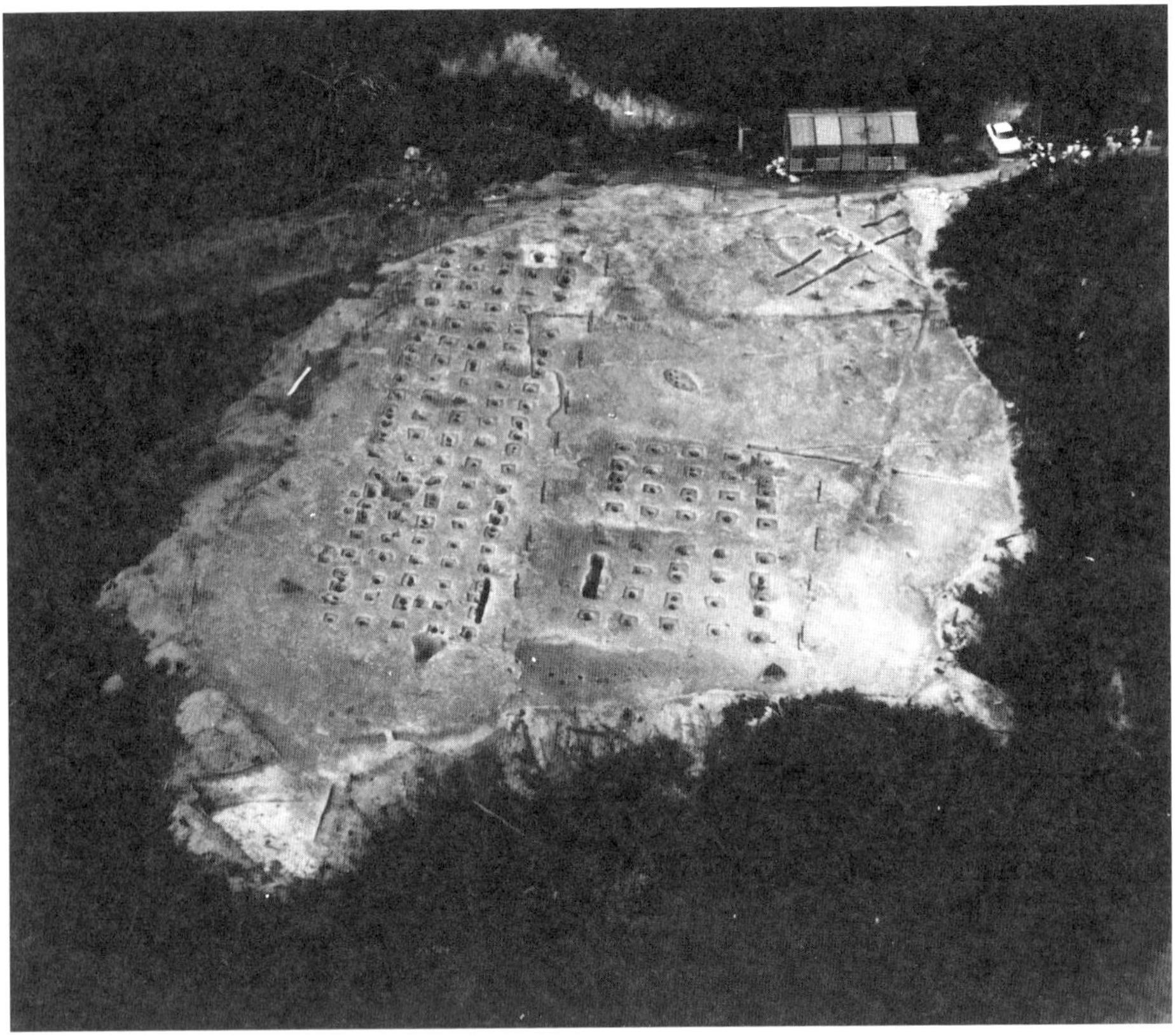

図 56 鳴滝遺跡（和歌山市）の倉庫群跡全景

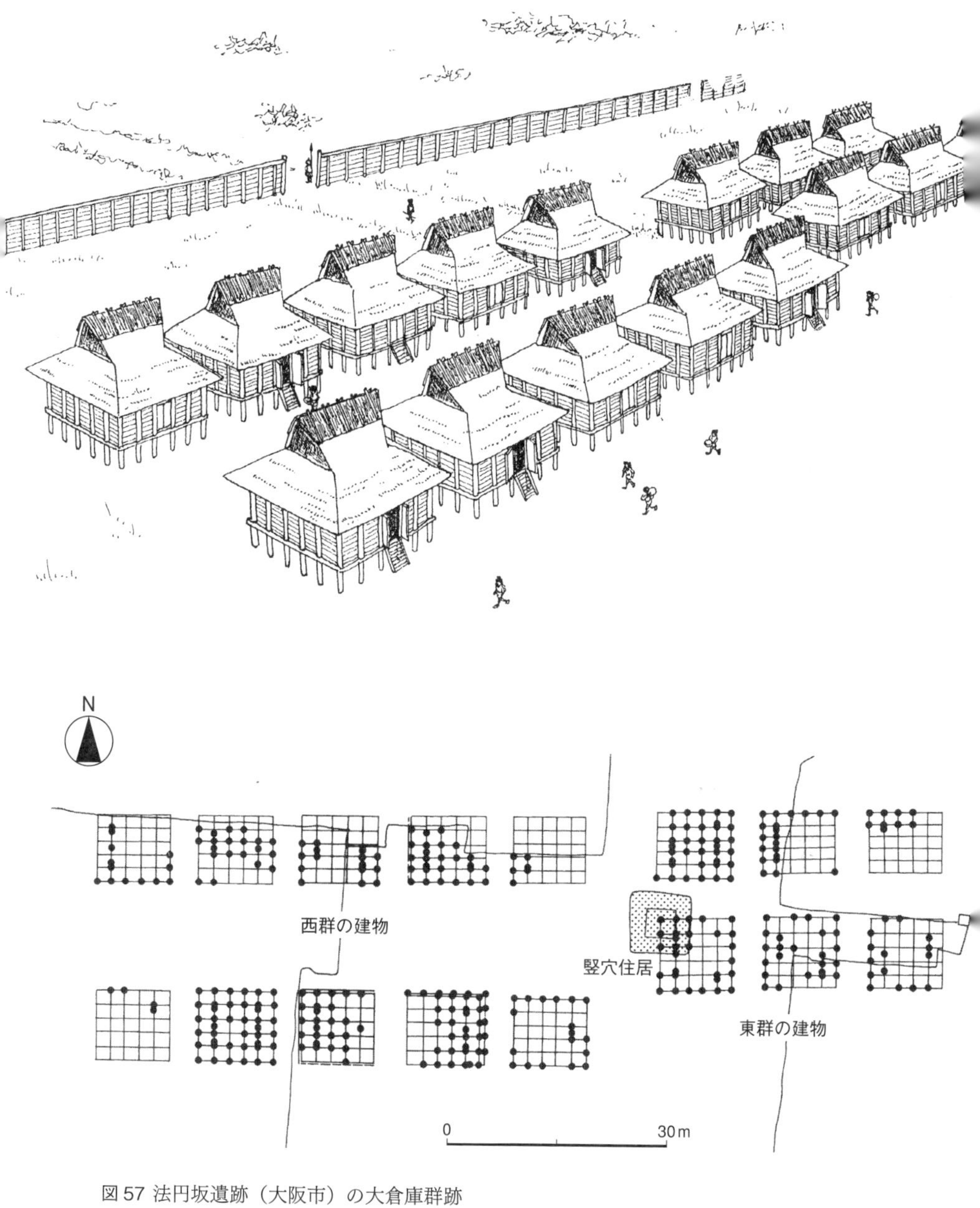

図57 法円坂遺跡（大阪市）の大倉庫群跡

また、鳴滝遺跡や蛍池東遺跡よりやや新しい時期（中期後半）に機能していた、大阪城の南にある法《ほう》円坂《えんざか》遺跡では床面積九〇～一〇〇平方メートルの倉が一六棟、東西方向に二列に並んで発掘されました（図57）。現在、大阪歴史博物館・ＮＨＫ大阪放送会館の南側に、一棟の大型倉庫が復元されています。法円坂遺跡で倉庫群が営まれた後の時代、そこから東一帯に難波宮（前期＝孝徳朝、後期＝聖武朝）が建設されるので、この倉庫群がヤマト王権、または大王家にかかわる前身の施設であった可能性は高いと思われます。法円坂遺跡のすぐ北には難波の堀江に比定される大川（天満川）が流れ、すぐ西北に難波津が存在したと考えられるのも、倉庫群の経営主体をヤマト王権と考える根拠のひとつです。

鳴滝遺跡でもすぐ南に古墳時代の紀ノ川の河口が推定され、そこに『日本書紀』神功元年二月条や応神九年四月条にみえる紀（紀伊）水門《みなと》が想定されます。同じ立地は蛍池東遺跡でも指摘され、猪名川の河口に近く、すぐ難波の海（大阪湾）という地点に大倉庫群が建てられたのです。いずれの遺跡でも、大陸につながる水運の便がまず考慮されていたことがわかります。わたしは法円坂遺跡は大王家が、鳴滝遺跡や蛍池東遺跡の大倉庫群はそれぞれの地域を拠点とした豪族が経営者だったとみています。鳴滝遺跡は、もちろん古代紀氏の経営になるとみてよいでしょう。

さらに愛媛県松山市の樽味四反地《たるみしたんじ》遺跡や石川県七尾市の万行《まんぎょう》遺跡では、古墳時代前期にさかのぼる床面積が一六〇平方メートルを超える超大型の総柱建物跡が複数発掘されました。その規模と平面が方形であるということから、倉以外の機能をもつ祭儀空間の中核をなす建物と考える方もおられます。たしかに万行遺跡では、大型建物を撤去した後、約二二メートル四方の環濠の内側に二重の柵をめぐらせた高殿の存在をうかがわせる遺構が発掘されていて、大型建物を祭儀施設の前身とみることも可能です。

姿をあらわした豪族の居館

樽味四反地遺跡や万行遺跡とほぼ同時期に営まれたとみられる大規模な豪族居館が、二〇〇九年から発掘調査がつづく奈良県御所市の秋津《あきつ》遺跡です（図58）。京奈和自動車道のインターチェンジ建設という、広範囲の発掘によって大和の古代豪族居館が姿を現わしつつあります。

南北約一〇〇メートル、東西約一二〇メートル以上の広大な敷地内には堅牢な板塀をめぐらせた方形区画が一時期に三～四箇所あって、祭政（マツリゴト）や蓄蔵（クラ）を目的とした、地域支配の中枢施設と、首長の居住空間の併存をうかがわせる大型掘立柱建物が発掘され、今後の調査で工房などの検出も期待されます。

「秋津」という遺跡名は、そこがかつての秋津村であったことによっています。この「秋津」という地名に、『古事記』や『日本書紀』にみえる六代孝安天皇の「室秋津嶋宮《むろのあきつしまのみや》」の遺称をみて、この遺跡を大王家の王宮とみようとする方がおられますが、これには賛成できません。確かに遺跡のすぐ南には室という大字があり、長持形石棺を納めた竪穴式石室をみることができる室大墓《むろのおおばか》（宮山古墳）という大型の壺形墳があります。しかし、孝安天皇は欠史八代といわれる伝承上の天皇の一人で、宮号にみる「秋津」は宮の修飾語とみるべきものです。事実「秋津」という地名も明治になるまではありませんでした。一八八九年の町村制施行にともない、池ノ内・室《むろ》・蛇穴《さらぎ》・条《じょう》・冨田《とみた》の五村が合併して秋津村という新行政区画を誕生させたところに「秋津」地名の始まりがあるのです。現在、近くに秋津小学校や秋津農協がありますが、その名は明治にできた秋津村という村名に由来したものです。わたしたちは、合併にと

図58 秋津遺跡（奈良県御所市）

もなう新行政地名の誕生に際し、元来そこにはなかった新しい地名が案出される事例の多いことを、先年の平成の市町村大合併で知っています。「秋津」地名は近代の産物で、それを遺跡名とすることは適切ではありません。

いずれにせよ秋津遺跡は、古代葛城地域に出現した古墳時代前期の大豪族居館です。古墳時代中期、この地域に拠った葛城氏は、上述の建内宿禰系譜に名をみせる葛城長江曾都毘古（襲津彦）をはじめ、玉田宿禰・円《つぶら》大臣など、応神・仁徳朝から雄略朝にヤマト王権の政権中枢を占めた大豪族であったことが記紀から明らかです。わたしは秋津遺跡に居を構えた豪族は、葛城氏につながる豪族であったと考え、プレ葛城氏とよんでいます。先に紹介した味師内宿禰の母にあたる葛城之高千那毘売や、神功皇后の母の葛城高額媛《かずらきのたかぬかひめ》、さらには開化天皇妃の父として名をみせる葛城垂見《たるみ》宿禰、また応神妃の葛城の野伊呂売《ののいろめ》など、五世紀に活躍する葛城氏との直接の系譜関係を明らかにしない葛城を冠した人名に、その片鱗がうかがえるのではないかと考えています。

葛城氏の拠地—南郷遺跡群

秋津遺跡の西南、葛城山麓の丘陵一帯に古墳時代中期の大遺跡群があります。南郷遺跡群とよばれ、県営圃場整備事業にともなって十数年をかけて広範囲に発掘がおこなわれました。その結果、起伏ある丘陵ごとに立地するさまざまな機能や特質をもった大小三〇ばかりの遺跡から構成され、各遺跡が有機的な関連性のうえに存立していたことが明らかとなりました。

鉤の手状の入り口をもつ垣根の内側に二間四方の掘立柱建物を建て、そこへ木樋を用いて流水を引き込み、水の祭りをおこなった南郷大東《なんごうおおひがし》遺跡（2章で詳述）、また床面積七〇平方メートル前後の倉と推定される総柱の掘立柱建物が三棟以上並ぶ井戸大田台《いどおおただい》遺跡、武器・武具をはじめ、金属やガラス製品の生産工房だった南郷角田《なんごうかどた》遺跡。また大壁《おおかべ》建物や石垣基壇をともなう、渡来色の濃い南郷柳原《なんごうやなぎはら》・井戸井柄《いどいがら》遺跡などがある一方、竪穴建物を中心に集落を構成する下茶屋《しもちゃや》カマ田・井戸キトラ・井戸池田《いどいけだ》などの一般庶民の集落が展開し、個々の遺跡がもつ特質と階層性が顕著に指摘される状況でした。

なかでも、極楽寺《ごくらくじ》ヒビキ遺跡は首長の祭政空間の実景を彷彿させる、南郷遺跡群の中心に位置づけられる遺跡です。祭政空間は、東西約六〇メートル・南北約四〇メートルに復元される長方形の区画で、西辺には幅約一〇メートル、南辺にはそれを超える幅の濠が掘削され、南辺のなかほどに内部空間への参入路である渡り堤（土橋）がありました（図59）。

濠に沿って柵または板塀をめぐらせた祭政空間の内側には、敷地の西に大きく寄って、高床式の大型掘立柱建物が建ち、その東には何の遺構もない広場が展開しています。大型建物の東側軒下には、ほぼ等間隔で小さな穴が五個検出されていて、そこに旗や衣笠の竿を差し込んだ痕跡とみられることから、当該の大型建物が広場を正面にしたことがわかります。広場は大型建物と一帯となった祭儀空間を構成していたのです。

祭政空間の核となる大型建物は、二間×二間の身舎《もや》に長方形断面の分厚い板状の柱（五平《ごひら》柱という）を用い、棟持柱をもつ四面庇付の入母屋造または寄棟造で、床面積が二八〇平方メートルにもなる巨大な高床建物です。五平柱は大きなもので長辺が八一センチを測り、建物の壮大さがうかがえます。

祭政空間を囲む柵または板塀は渡り堤との接合部が途切れ、空間への入口にあたることは間違いなく、

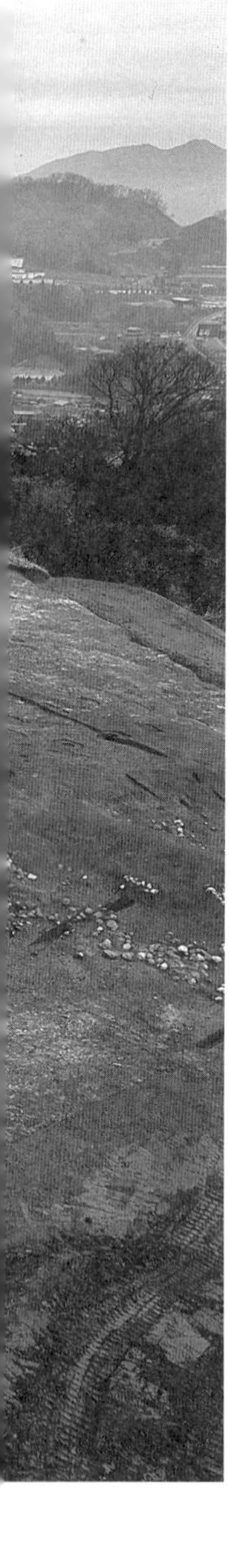

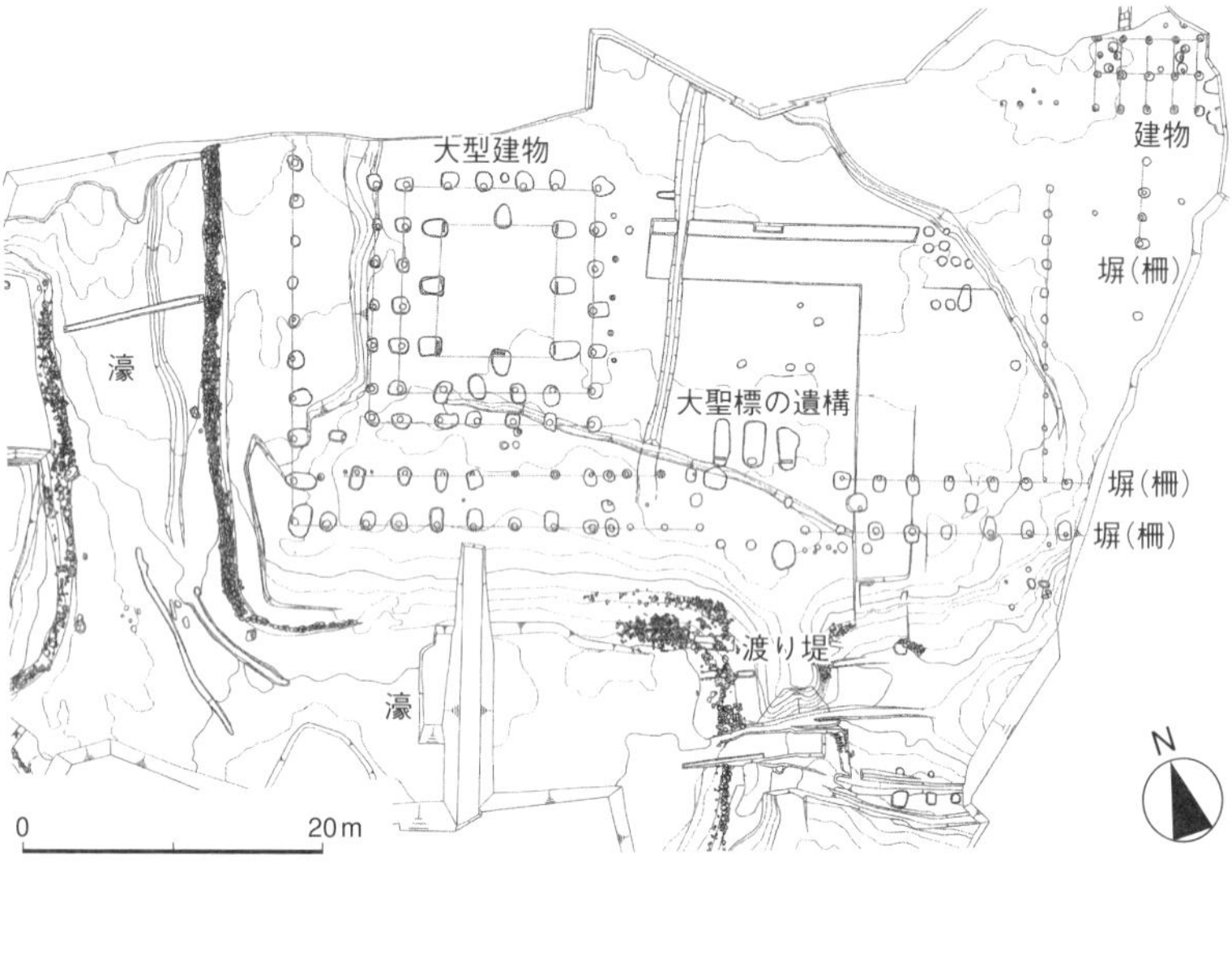
大型建物
建物
塀(柵)
濠
大型標の遺構
塀(柵)
塀(柵)
渡り堤
濠
N
0
20m

図59 古代葛城の祭政空間、極楽寺ヒビキ遺跡（奈良県御所市）

そこに興味深い遺構が発掘されました。長辺（南北）三メートル余り、短辺（東西）が一・五メートル弱という大土坑が三つ、一メートルばかりの間隔で並んでいたのです。各土坑には柱の痕跡が明瞭に確認されました。中央の柱は楕円形断面の丸柱で、一メートル以上の深さで埋め込まれていました。また両側の柱は長辺が七〇センチの分厚い板柱だったのです。それぞれの柱は土坑の南に寄せて立てられ、土坑には柱を所定の位置に滑り落とすためのスロープ（斜路）が設けられていました。土坑の平面形が南北方向に長いのは、そのためだったのです。その造作は、柱が長大だったことを語っています。この柱立ての造作は、現在でも諏訪大社の御柱祭にみることができます。発掘報告書は、この特異な遺構を「大型三連柱穴遺構」と、発掘された状況そのままを名称にして概要を記述するだけで、遺構の意味や形状について考察されていないのが残念です。

『古事記』仲哀天皇段や『日本書紀』神功皇后摂政前紀に、新羅の王宮の門前に、神功皇后がその王宮を攻略したことの証しとしてみずからが杖としていた矛を立て、それが今もなお立っているという記述があります。わたしは古代の倭国にあっても、王宮の門前に王権のシンボルとして、杖を形象した巨大な聖標の造形（図60）が聳立《しょうりつ》していたと推察し、極楽寺ヒビキ遺跡のこの遺構がそれにあたるとみています。具体的には真ん中の楕円柱は、滋賀県守山市の下長《しもなが》遺跡で出土した、頭に二重の円環をもつ杖形木製品をさらに巨大にした形状を想定し、また両端の板柱は前章で触れた飾り鞘をもつ矛を巨大にした形象（聖標）を想定しています。祭政空間を象徴し、荘厳する仕掛けを従来の考古資料のなかからも掬《すく》いあげることができるのです。古墳時代の豪族居館として知られる群馬県高崎市の三ツ寺I遺跡でも、祭政空間の正面にほぼ同じ聖標の存在を物語る柱穴遺構があったことは2章で触れました（五六ページ

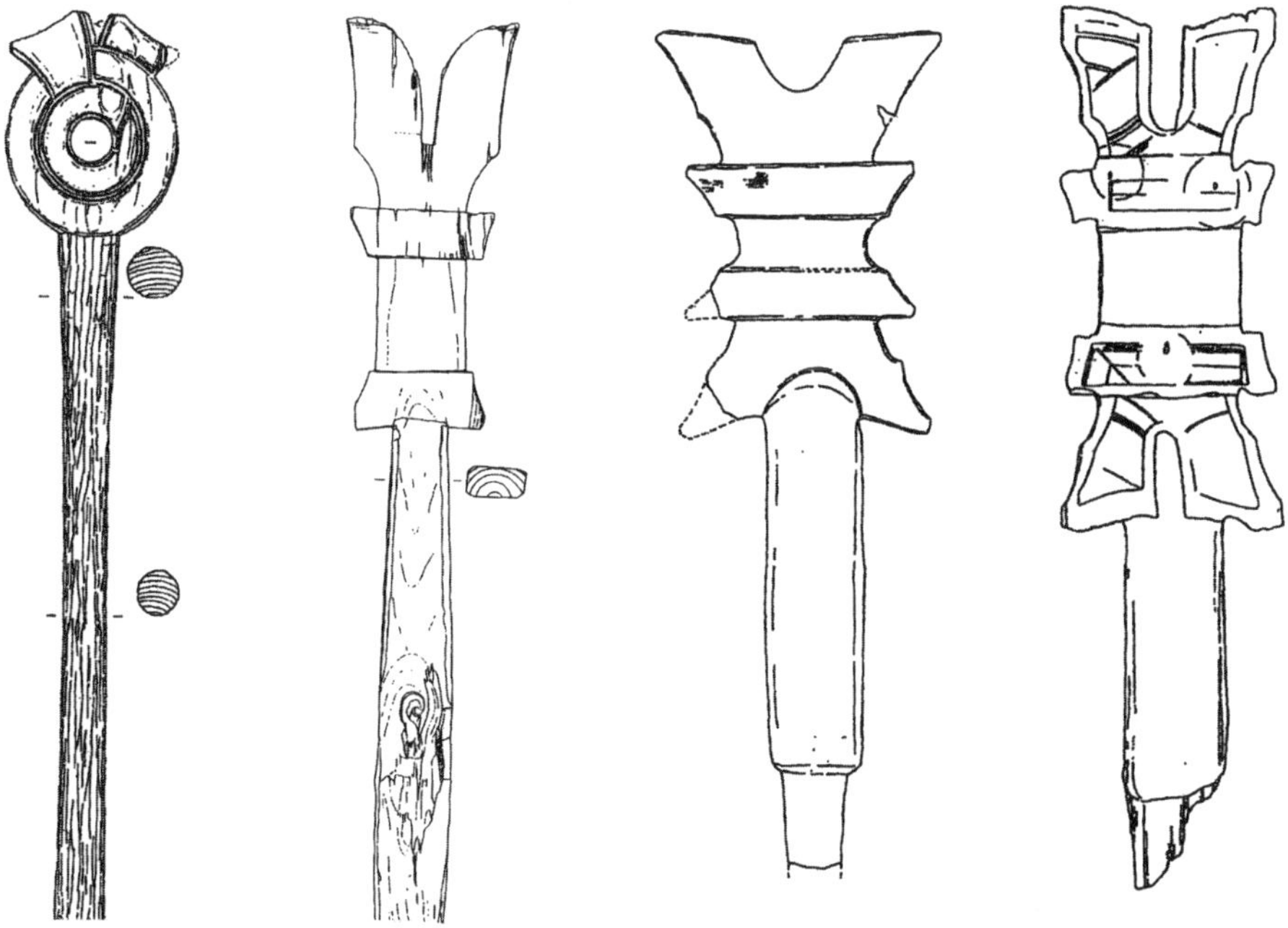

①下長遺跡
（滋賀県）

②釜塚古墳
（福岡県）

③宝塚１号墳
（三重県）

④小立古墳
（奈良県）

図60 聖標の「かたち」さまざま

参照)。わたしたち研究者は、目前に提示されているさまざまな考古資料を駆使して過去を復元する作業を怠ってはなりません。

南郷遺跡群では、王権祭儀を考えるうえでもうひとつ重要な遺跡があります。先にあげた水の祭りをおこなったとみられる南郷大東遺跡です。木樋を連ねて建物内に導かれた流水は、建物のなかにすえられた槽をもつ大型の木樋によって浄化され、その水を祝福する祭儀行為のおこなわれたことが、同時に出土した武器形木製品・さしば・琴などの木製祭祀具とあわせ考えて推察されます。この遺構をミニチュア化した形象埴輪が三重県松阪市の宝塚一号墳や、大阪府八尾市の心合寺山《しおんじやま》古墳など、各地の大型壺形墳から出土していることは2章で詳述しました。水の祭りは、被葬者にとって重要な王権祭儀であったことが推察できます。そこに設けられた槽形木製品は、やがて飛鳥宮跡に隣接する丘陵上に置かれた酒船石の形状へと系譜をたどることができます。古代王権にとって、水の祭りが格別の祭儀であったことを物語っています。

南郷遺跡群からは、さまざまな属性をもつ遺跡が地形を活用して点在し、それぞれが有機的な関連性をもって首長による地域支配が貫徹されていたことをうかがわせる古代葛城の景観が見えてきます。おそらく秋津遺跡の段階では王権支配を行使するうえでの核となる空間が一箇所に集中して営まれていたのを、次の段階にあたる南郷遺跡群では小規模な丘陵ごとに分散的に配置するという流れがあったのではないかと考えているのです。この秋津遺跡から南郷遺跡群への地域景観の変化には、それを経営した豪族(葛城氏)の性格や地域支配に大きな転換のあったことが想像されます。

大豪族葛城氏の祭儀

南郷遺跡群が営まれていた古墳時代中期、葛城山東麓一帯に盤踞していたのが、先述の葛城氏です。建内宿禰の後裔の一人、葛城長江曾都毘古の名にみえる「長江」は御所《ごせ》市名柄《ながら》の地名につながります。名柄は金剛山と葛城山の鞍部にある水越峠を越えて、河内と南大和をつなぐ古道が通過する交通の要衝です。また『日本書紀』の神功皇后摂政五年条は、葛城襲津彦らが新羅から連れ帰った捕虜の子孫が桑原《くわはら》・佐糜《さび》・高宮《たかみや》・忍海《おしぬみ》の四邑《よつのむら》の漢人《あやひと》たちの始祖だと述べています。これらの地名はいずれも葛城山東麓にあって、なにより桑原は秋津遺跡のある地域一帯に比定されています。

南郷遺跡群の随所で検出される大壁建物跡や、最先端の技術によって経営されたとみられる金属やガラス工房は、そうした渡来人達の知識と技術を反映したものと考えるべきです。南郷遺跡群の経営者が葛城氏であることは間違いないでしょう。

大王家の王宮の全貌がいまだ明らかとならない現在の古代史ですが、それに次ぐ大豪族の葛城氏が経営したとみられる南郷遺跡群の実態が明らかになりつつあります。そこでの王権祭儀の究明が、大王による王権祭儀の解明につながることは言うまでもありません。

南郷遺跡群の中心、極楽寺ヒビキ遺跡に立つと、北北東方向に葛城一帯から奈良盆地が一望され、晴れた日には奈良市街地まで見渡せます。この葛城氏の祭政空間に立ったとき、ひとつの万葉歌が思いだされました。飛鳥岡本宮に都した舒明天皇が、大和三山のひとつ天香具山から国見をしたおりの国讃め歌です（一〇五ページ参照）。

国見とはもっとも生命力の旺盛な春先に、支配者が眺望のよい高処から四周を遠望して、おのれの土地（国土）を讃め、その繁栄と己の長命を祈る予祝儀礼です。極楽寺ヒビキ遺跡の高床の大型建物はそうした祭儀にまことにふさわしい場です。図59に見る景観は、同遺跡から奈良盆地をみはるかしたものです。『日本書紀』にみえる、仁徳天皇が難波高津宮の高殿から国見をした話（一〇五ページ参照）は、大王による国見儀礼を説話化したものでした。わたしは、極楽寺ヒビキ遺跡の大型建物が葛城氏の高殿であったと考えます。

高殿でおこなわれる王権祭儀には次のようなものが考えられます。

①春先におこなわれる、王権と支配地の豊饒を祈る国見儀礼
②秋の予祝儀礼としての鹿鳴聴聞
③マツリゴトに際し、神託を授かる神牀での夢見
④神人共食による新嘗儀礼
⑤王権の継承儀礼

高殿における王権祭儀が弥生時代にさかのぼることは、弥生土器に描かれる建物の大半が高床式であること、またシカのモチーフがきわめて多い点からもうかがえます。

一方、王権祭儀のなかで、水を祭る儀礼が地域に豊饒をもたらし、また王権や王宮の永続を保証するという思惟の存在を推察させたのが南郷大東遺跡です。井泉や川の上流から流出する水の永遠性と清浄性は、地域の永遠と豊饒を象徴する存在と考えられました。水辺から祭祀遺物がしばしば発掘されるのも、それを裏付けています。南郷大東遺跡の水の祭儀場は、良好な状態で遺存した建物遺構や木樋と槽の存在から、水を対象とした祭祀行為と王権が密接にかかわることを明らかにしてくれた遺跡です。

2章で、南郷大東遺跡の槽形木製品について説明するなかで、飛鳥の酒船石に触れました。その酒船石と、丘陵の麓にある井泉とその湧水を背にたたえる亀形石像物などを造営したのは斉明天皇です。斉明天皇は不老長生の神仙思想に傾倒していました。亀は神仙界を象徴する霊獣の一つです。飛鳥宮の東の丘陵上に天宮《あまつみや》を営み、そこに酒船石をしつらえて、亀形石像物の背に満たされた聖水を酒船石の槽に流し、国土の豊饒を願ったのでしょう。酒船石遺跡は、飛鳥の王宮に付属した七世紀の水の祭儀場と考えられます。それをさかのぼる、大王による水の祭儀場が発掘で明らかになることも遠くないと思います。

中央豪族の居館が、さまざまな機能をもつ施設ごとに、地形に応じ計画的に配置されていたことが南郷遺跡群のありようから想定できるようになってきました。その事例から考えて、鳴滝遺跡の並び建つ倉庫群が、それだけで完結する遺跡とは考えられません。なにより大規模な倉庫群を支えてゆく関連施設の存在もよくわかっていません。前述したように、それをヤマト王権との関連でみるのは無理があります。古代紀氏がその経営者とみるのがもっとも蓋然性が高いでしょう。すると周辺に、祭政空間をはじめ、豪族の居館とともに、有機的関連をもって首長を支えるさまざまな遺跡が存在した可能性を考えておくべきでしょう。

鳴滝遺跡は保存されていますが、周辺一帯は開発が進行しています。しかし、まだ遅くはありません。鳴滝遺跡に隣接する溜池も、機会があれば水を抜いて、旧地形を復元しつつ試掘してみることも必要ではないかと思います。いずれにせよ紀ノ川右岸の諸遺跡について、いますこし広い視点から再検討しつつ、調査・研究することが必要ではないかと考えます。

7

LECTURE

聖樹と王宮

日本人は「見立て」を得意とする民族だとわたしは思います。三輪山を神の依代《よりしろ》、さらには御神体そのものとなぞらえたように、ものを象徴的に見立てることがいろいろな場面でおこなわれてきました。この章では古代の「王宮」の象徴と見立てられた聖樹についてお話ししましょう。

海幸山幸の神話では、山幸が兄の鉤《つりばり》を探し訪ねた海神《わたつみ》の宮殿の門の傍らに井泉があって、そばに聖なる桂の樹がありました。また、歌垣でよく知られた海石榴市《つばいち》の名の由来は、市を象徴する艶やかな緑の葉をもつ椿にありました。さらには敏達朝に、百済から渡日させた日羅《にちら》を「阿斗桑市《あとのくはのいち》」に館を造営して住まわせた記事が『日本書紀』に見えます（敏達天皇十二年是歳条）。その所在地について、現在の奈良県田原本町か安堵町、または大阪府八尾市などの諸説がありますが、この市が桑をシンボルとしていたことは確かでしょう。さらに河内国の餌香市《えがのいち》では橘が聖樹だったと雄略紀にみえます。各地にシンボルに見立てられた聖樹があったのです。

なかでも古代大和では、槻《つき》がもっとも聖性の高い樹と考えられていたことに触れ、これまでの古代史研究において、飛鳥寺の西にある槻樹があまりにも過大評価されている点を再検討したいと思います。

ヤマト王権と百枝槻

5章で紹介した奈良県河合町の佐味田宝塚古墳から出土した家屋文鏡には、四棟の建物の間に大きく聳《そび》える樹木の表現があります(図48)。狭いスペースに無理にはめこんだような樹木表現に目を向けてください。当時の王宮を、鏡というひとつのカンバスに表出するにあたって、どうしても樹木を描き込まなければならなかったと解釈すべきです。この銅鏡は大和で鋳造されたとみて間違いなく、四世紀後半のヤマトの豪族の王宮に、その場を象徴する聖樹があったからこそ表出されたと理解されます。

家屋文鏡の樹木表現は針葉樹ですが、『古事記』にはヤマト王権の王宮には落葉高木の百枝槻《ももえつき》があったと伝えられています。百の枝をもつ槻(ケヤキ・欅)。それはたいへんな巨樹であったことを簡潔に言い回した巧みな言葉です。

図 61 聳立する大ケヤキ（山形県東根市、国指定天然記念物）
樹齢 1500 年以上と推定される。高さ約 30 m

和東建設株式会社

纒向と長谷の槻樹

まず『古事記』雄略段が語る三重采女《みえのうねめ》の説話からみましょう。

雄略天皇の王宮は長谷朝倉宮《はつせのあさくらのみや》です。そこに聳える百枝槻の下で、天皇は新嘗《にいなめ》の祭儀をおこなったあと、直会《なおらい》にあたる豊楽《とよのあかり》の宴席に臨みました。新嘗とは、その年の初穂を神に捧げ、神と天皇がそれを共に食す祭儀です。祭儀の場がたくさんの枝を天空に向かって張り出した百枝槻の下ということは、槻が「神の領域」と「人の領域」の接点に屹立する、いわゆる依代と考えられていたことがわかります。その宴で、伊勢国三重郡から差し出された三重采女が天皇に盞《さかずき》を捧げたおり、一枚の落ち葉が盞に落ちます。それをとがめた天皇が采女を斬ろうとした時、彼女は歌をもって落ち葉の来歴を語ることで罪を許されます。

纒向《まきむく》の　日代《ひしろ》の宮は　朝日の　日照《ひで》る宮　夕日の　日がける宮　竹の根の　根垂《ねだ》る宮　木《こ》の根の　根蔓《ねば》
ふ宮　八百土《やほに》よし　い築《きづ》きの宮　真木《まき》さく　檜《ひ》の御門《みかど》　新嘗屋《にひなへや》に　生《お》ひ立《だ》てる　百足《ももだ》る　槻《つき》が枝《え》は　上《ほっ》
枝《え》は　阿米《あめ》を覆《お》へり　中つ枝《え》は　阿豆麻《あづま》を覆へり　下枝《しづえ》は　比那《ひな》を覆へり　上枝の　枝《え》の末葉《うらば》は　中つ
枝に　落ち触《ふ》らばへ　中つ枝の　枝の末葉は　下《しも》つ枝《え》に　落ち触らばへ　下枝の　枝の末葉は　あり衣《きぬ》
の　三重の子が　指挙《ささが》せる　瑞玉盞《みづたまうき》に　浮きし脂《あぶら》　落ちなづさひ　水《みな》こをろこをろに　是《こ》しも　あやに
恐《かし》し　高光る　日の御子《みこ》　事の　語言《かたりごと》も　是《こ》をば
（『古事記』雄略天皇段）

この天語歌とよばれる歌のひとつとして語られる歌の冒頭にみえる「日代宮」は「太陽の宮殿」を意

味します。まさに歌の末尾の「高光る日の御子」の王宮にふさわしい宮号です。その王宮の中心、新嘗の祭儀をおこなう空間にそびえる「百足る槻が枝」。その上の枝は「阿米（天）」を覆い、中の枝は「阿豆麻（あ妻）」を覆い、下の枝は「比那（夷）」を覆う巨樹だと歌うのです。

「あ妻」は方角としての東をいうのではありません。接頭の「あ」につづく「つま」は端や周縁をさします。すなわち国土の縁端を意味し、「夷」とは王権にいまだ従わない夷狄《いてき》の領域を指します。要するに日代宮の百枝槻は地上のすべてを覆う宇宙樹で、その支配者が纏向日代宮に坐す天皇だということを歌いあげ、つづいて百枝槻の上の枝先の一葉が、中の枝先に振れ、それによって中の枝先の一葉が下の枝に振れ落ち、その下枝から振れ落ちた一枚の槻の葉が盞に落ちたのだというのです。上枝の振動はすなわち天の意志にほかならず、その波動が順に下枝に伝わり、そこから落ちた一枚の槻の葉が采女の捧げる盞に浮かぶことになったと歌われます。そこには天皇による天の下を治めるという行為が、天の差配によると明確に語られているではありませんか。天皇が采女を許さないわけはありません。

『古事記』の話では、雄略天皇の長谷朝倉宮の百枝槻の下での豊楽という場面を設定しておきながら、歌では纏向日代宮の百枝槻の下へと舞台が転換します。なぜ日代宮の百枝槻を歌うのでしょうか。纏向日代宮はヤマトタケルの父にあたる景行天皇の王宮にあたり、そこは長谷ではありません。なぜこのような話の展開になるのでしょう。

わたしはこの物語を、ワカタケル（雄略）が、ヤマトタケルに命じて列島の征服戦争をおこなった景行天皇の王権を受け継ぐ者であると語ろうとしたものと考えます。ヤマトタケルとワカタケル、ふたりのタケルの関連性はさらに検討を深めなければなりません。いずれにせよ纏向の王宮と長谷の王宮には、ともに槻の巨木が聳え、その樹下が新嘗の祭場となった背景には、槻が王権を象徴する聖樹とする観念の存在があったことは間違いありません。

纒向遺跡と斎槻岳

ヤマト王権は三輪山麓、磯城《しき》（師木）の地に興りました。桜井市にある纒向遺跡がその最有力候補の遺跡です。わたしが『聖樹と古代大和の王宮』（中央公論新社、二〇〇九年）を書き、古代ヤマト王権と聖樹とされた槻を論じたのは、纒向遺跡から大型建物跡が発掘される直前でした。二〇〇九年秋に三棟の掘立柱建物跡がほぼ東西に延びる中軸線上に並んで発掘され、三世紀前半期の遺構群と考えられています。いちばん東の建物は床面積二三八平方メートルという、当時では列島最大の建物と推定されています。

この建物群の中軸線を東に延長すると、斎槻岳《ゆつきがたけ》（図62）にかかります。斎槻岳は、纒向川をなかにして三輪山の真北に位置する、海抜四〇九メートルの山に比定されています。次の万葉歌はよく知られています。

あしひきの山川の瀬の響《な》るなへに弓月岳《ゆつきがたけ》に雲立ち渡る

（『万葉集』巻第七―一〇八八）

斎槻岳とは、神の依代である「聖なる槻が聳える山」の謂《い》いです。また、

図62 斎槻岳

長谷《はつせ》の斎槻《ゆつき》が下《した》にわが隠せる妻茜《あかね》さし照れる月夜《つくよ》に人見てむかも
(『万葉集』巻第十一―二三五三)

という歌があります。「長谷の斎槻」は先の朝倉宮の百枝槻とみてよいでしょう。

「斎槻」はほかの万葉歌にもみえます。下ツ道と山田道《やまだみち》が交わる軽市にそびえる槻樹は、

天飛ぶや軽の社《やしろ》の斎槻《いはひつき》幾世まであらむこもり妻そも
(『万葉集』巻第十一―二六五六)

と、聖なる地(社)に聳える斎槻が巨樹であったことは、「幾世まであらむ」というくだりからうかがえます。

わたしは纏向遺跡の建物群が造営されるにあたって、造営地を決定した後に、斎槻岳にそびえる槻を基点に軸線が決められたのではないかと考えています。その槻が斎槻岳の山頂にあったとはかぎりません。山のなかで、ひときわ大きく繁り聳える槻を聖樹とみなして軸線を決定したのでしょう。

図63の「古代の王宮の名称」をみてください。崇神天皇の宮は「師木水垣宮《しきのみづがきのみや》」(記)・「磯城瑞籬宮《しきのみつかきのみや》」(紀)、垂仁天皇の宮は「師木玉垣宮《しきのたまがきのみや》」(記)・「纏向珠城宮《まきむくのたまきのみや》」(紀)、景行天皇の宮は、「纏向日代宮《まきむくのひしろのみや》」(記・紀)です。垂仁の王宮名が同じ王宮を指していることは間違いないでしょう。「磯城」は磯城郡という大地名で、「纏向」はそこに含まれる小地名です。崇神・垂仁・景行の初期ヤマト王権が纏向の地に王宮を営んだことは確かでしょう。その纏向日代宮を讃える天語歌で、纏向の王宮に聳える百枝槻が歌われていたことと、纏向遺跡の建物群の中軸線が斎槻岳に向かっている点は興味深い事実として留意して

代	天皇	古事記	日本書紀
1	神武	畝火白檮原宮	橿原宮
2	綏靖	葛城高岡宮	葛城高丘宮
3	安寧	片塩浮穴宮	片塩浮穴宮
4	懿徳	軽境岡宮	軽曲峡宮
5	孝昭	葛城掖上宮	掖上池心宮
6	孝安	葛城室秋津嶋宮	室秋津嶋宮
7	孝霊	黒田廬戸宮	黒田廬戸宮
8	孝元	軽堺原宮	軽境原宮
9	開化	春日伊邪河宮	春日率川宮
10	崇神	師木水垣宮	磯城瑞籬宮
11	垂仁	師木玉垣宮	纏向珠城宮
12	景行	纏向日代宮	纏向日代宮
13	成務	志賀高穴穂宮	
14	仲哀	穴門豊浦宮 筑紫訶志比宮	穴門豊浦宮 橿日宮
	神功		磐余若桜宮（稚桜宮）
15	応神	軽嶋明宮	難波大隅宮 明宮
16	仁徳	難波高津宮	難波高津宮
17	履中	伊波礼若桜宮	磐余稚桜宮
18	反正	多治比柴垣宮	丹比柴籬宮
19	允恭	遠飛鳥宮	
20	安康	石上穴穂宮	石上穴穂宮
21	雄略	長谷朝倉宮	泊瀬朝倉宮

代	天皇	古事記	日本書紀
22	清寧	伊波礼甕栗宮	磐余甕栗宮
23	顕宗	近飛鳥宮	近飛鳥八釣宮
24	仁賢	石上広高宮	石上広高宮
25	武烈	長谷列木宮	泊瀬列城宮
26	継体	伊波礼玉穂宮	樟葉宮 筒城宮 弟国宮 磐余玉穂宮
27	安閑	勾金箸宮	勾金橋宮
28	宣化	檜坰廬入野宮	檜隈廬入野宮
29	欽明	師木嶋大宮	磯城嶋金刺宮
30	敏達	他田宮	百済大井宮 訳語田幸玉宮
31	用明	池辺宮	磐余池辺双槻宮
32	崇峻	倉椅柴垣宮	倉梯宮
33	推古	小治田宮	豊浦宮 小墾田宮
34	舒明		飛鳥岡本宮 田中宮 百済大宮
35	皇極		小墾田宮 飛鳥板蓋宮
36	孝徳		難波長柄豊碕宮
37	斉明		飛鳥板蓋宮 飛鳥川原宮 後飛鳥岡本宮
38	天智		近江宮
39	天武		飛鳥浄御原宮
40	持統		飛鳥浄御原宮 藤原宮

図63 古代王宮の名称

おく必要がありそうです。斎槻岳（弓月岳）の名の由来となった「斎槻」に日代宮の百枝槻を重ねることも可能でしょう。

弥生時代にさかのぼる槻の聖性

大和盆地の中央、田原本町にある唐古・鍵遺跡は弥生時代の拠点集落遺跡としてよく知られ、これまで一一〇次を越える発掘調査が実施されてきました。二〇〇三年の第九三次調査では、唐古池の西隣りから、中期前半の大型掘立柱建物跡が発掘されました。梁間二間（約六メートル）、桁行六間（約一三・二メートル）、床面積約八〇平方メートルの大きさでした。二十数本の柱は三列に並び、中央の柱列は棟筋に添って柱列がありますから、高床だったことがわかります。柱跡のうち、一八本に柱根が遺存、しかもそのすべてがケヤキであったことは驚きでした。なかには直径八三センチを超える巨木が使われていました。

唐古・鍵遺跡では一九九九年（第七四次調査）にも、中期の大型掘立柱建物跡が発掘されています。この建物跡でも三本のケヤキ材の柱が遺存していました。しかし、一〇〇次を超える発掘調査で発掘された確実な大型掘立柱建物跡は、現在のところこの二棟にすぎません（図64）。集落を構成する一般の住居が竪穴建物であったことは、他の集落遺跡の調査事例から容易に類推できます。したがって、槻を利用して建てられた大型掘立柱建物は集落を営んでゆくための中心的な建物。さらにいえば、集落のリーダーがマツリゴト（祭事・政事）をおこなう祭儀空間に立つ建物だったと推察されます。わたしはそうした高床建物を仁徳紀などの記載（一〇五ページ）から「高殿」とよんでいます。

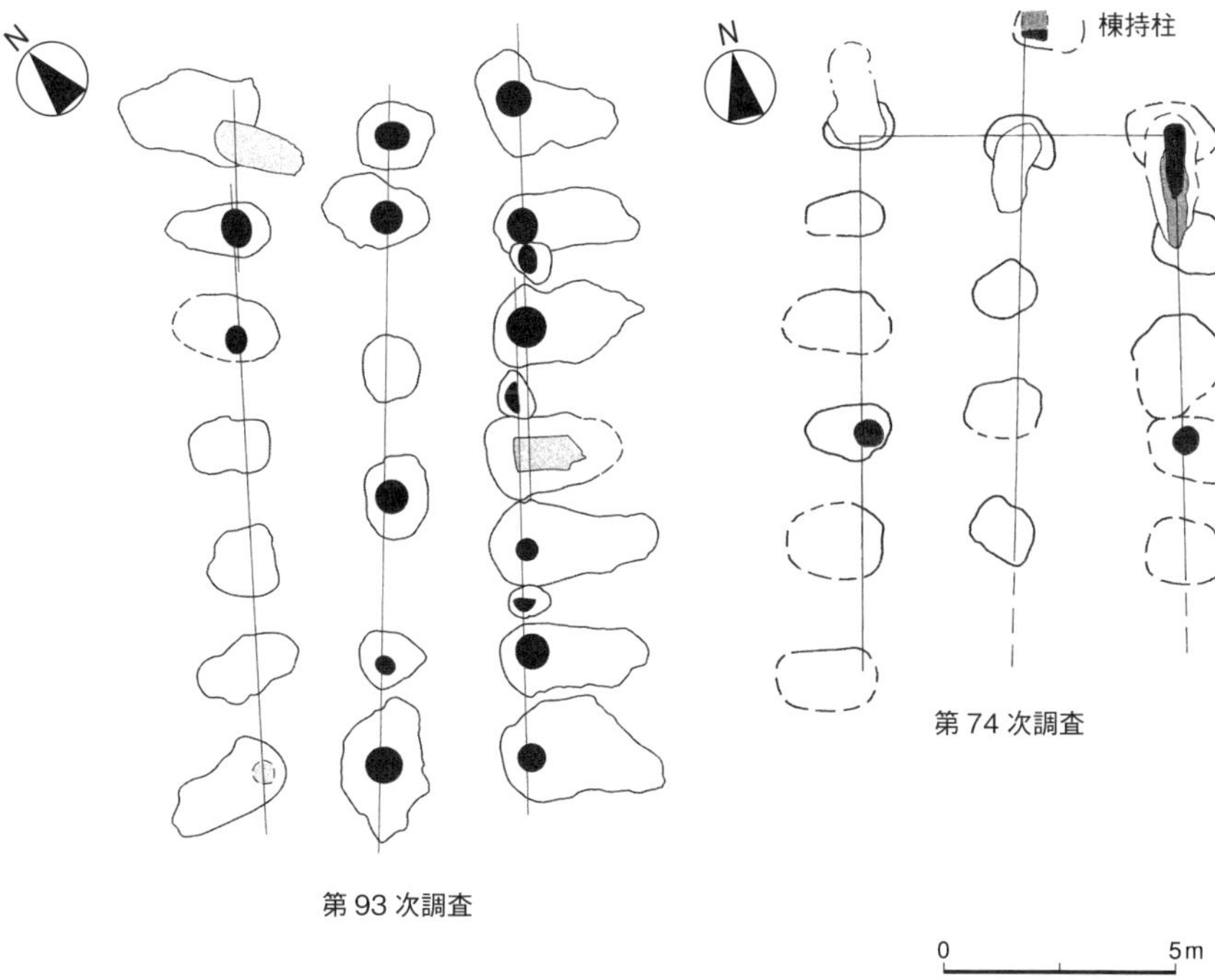

図 64 唐古・鍵遺跡の大型掘立柱建物跡

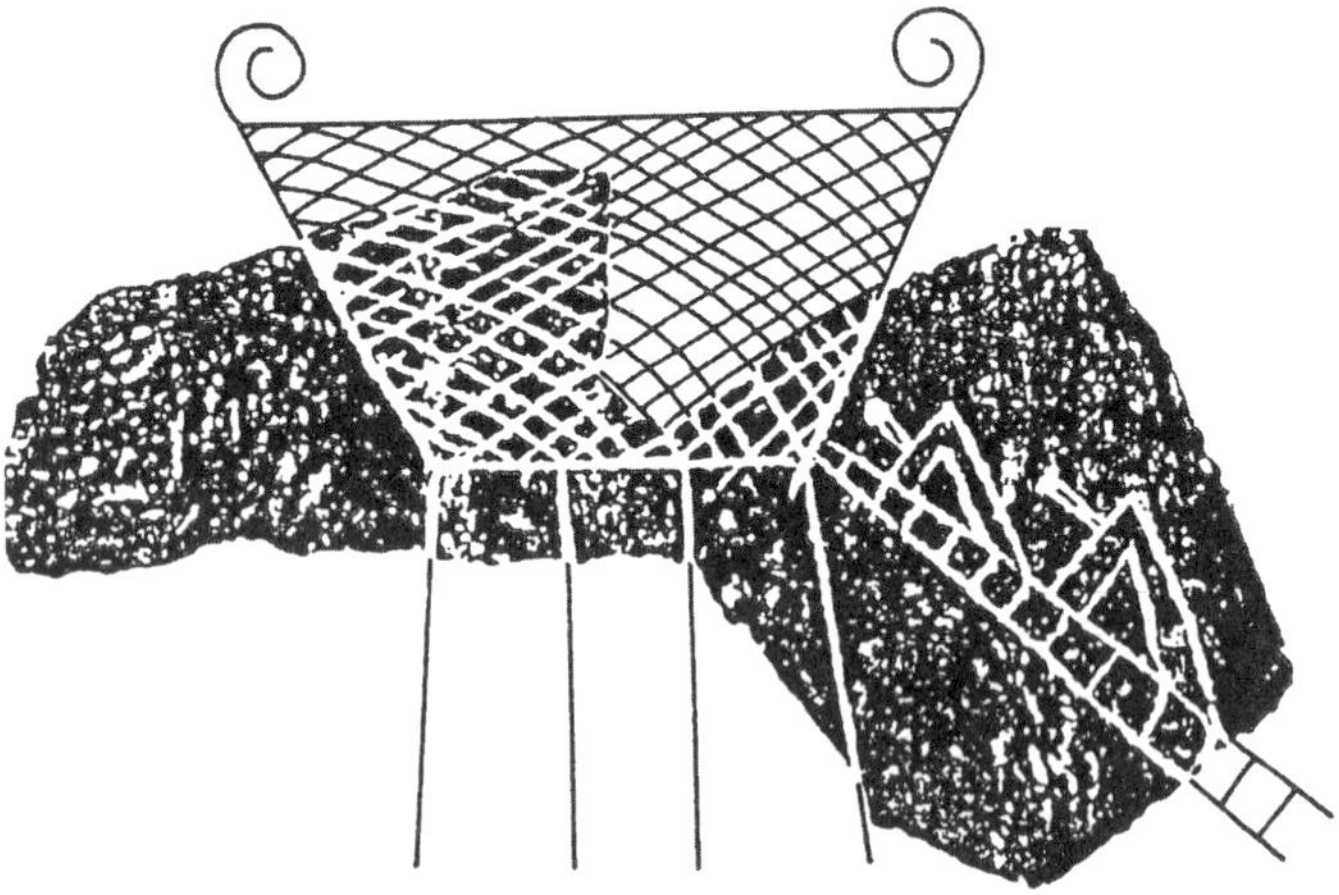

図65 高殿での祭儀に昇殿する男女の首長を描いた土器絵画（唐古・鍵遺跡）

一方、弥生時代中期後半を中心に、全国で約九〇〇点近い絵画土器が出土しています。ほぼすべてが、焼成前のまだ乾き切らない土器に、篦《へら》などを用いて描いた線画で、その半数近くが唐古・鍵遺跡で出土するというのも、この遺跡を営んだ弥生人の生活や文化を考えるのに大いに役立ちます。それだけの数の絵画が存在するなら、さぞ多様で豊かな生活の情景が描かれているかといえば、実はそうではないのです。描かれるモチーフが限定的なのも弥生絵画の特徴といってもよいでしょう。

具象的なモチーフとしては建物（図65）・鹿・人物・船・龍が大半で、あとは魚や武器などがわずかにあるだけです。しかも建物を描いた例が多いものの、ほぼすべてといってよいくらいそれが高床の建築様式をとるのも注意されます。なぜなら先ほども触れましたが、当時の一般の住居は竪穴住居だからです。しかも、土器絵画には高床建物の横で袖振りや武舞《ぶぶ》など、魂振《たまふ》りの祭儀とおぼしき情景が描かれる例が幾つも見られます。弥生時代の大型高床建物の性格が祭儀の場を象徴する中心建物であったことは、土器絵画からも類推できるのです。その高床建物がケヤキを用いて建てられる。ただ周辺の樹相がケヤキを主としていたからという理由だけとは考えられません。

なお、大阪府和泉市にある池上曽根遺跡でも弥生中期後半の大型掘立柱建物が発掘され、現在遺跡公園の一画に復元されていますが、そこでは一七本の柱材が遺存しています。うち一五本がヒノキでした。今につながるヒノキ材への憧れのようなものが感じられますが、なにより特別な役割を担う大型建物を建てるにあたっての、用材の選択的利用は明らかです。さらに言えば、建物の残る二本の柱材の樹種はやはりケヤキでした。

磐余の王宮と槻樹

王宮を象徴する槻樹は、用明天皇の宮号に見えます。『日本書紀』用明即位前紀に「磐余に宮《みや》つくる。名《なづ》けて池辺双槻宮《いけのへのなみつきのみや》と曰ふ」とあって、その宮号は王宮が池のかたわらにあったことも語っています。磐余池（図66）のかたわらにそびえる二本の槻、または二股に分かれた吉兆とされる連理の槻が宮号の由来となっていることがわかり、その双槻が、磐余の王宮を象徴する聖樹、斎槻だったことは間違いないでしょう。

履中天皇の宮も磐余にあって、磐余稚桜宮《いわれのわかさくらのみや》とよびますが、そこでは両枝船《ふたまたぶね》を磐余池に浮かべた船遊びの宴での出来事が宮号のいわれになったという説話が語られることから、王宮には苑池が付属したこともわかります。宮号から桜もまた聖樹とみなされたようです。しかも磐余池は磐余市磯池《いわれのいちしのいけ》ともよばれることから、池の近くに市があったとみられます。磐余の双槻は王宮のシンボルであるとともに、市の象徴でもありました。

磐余の地は、大和盆地南部を東西に横断して難波と伊勢を結ぶ横大路と上ツ道の交差点付近に比定され、まさにチマタにあたるのも、市が生まれる背景となっています。あるいはそこが本来の海石榴市ではなかったでしょうか。王宮と市と聖樹、三者は密接に絡み合っています。

さて磐余の地に営まれた王宮には、磐余稚桜宮（履中）をはじめ、磐余甕栗宮《いわれのみかくりのみや》（清寧）、磐余玉穂宮《いわれのたまほのみや》（継体）、磐余池辺双槻宮（用明）があり、敏達天皇の訳語田幸玉宮《をさたのさきたまのみや》も磐余の北寄りの地域に含まれます。磐余は磯城郡に属しますが、そこは纏向の南に接する地域です。六世紀を中心に王宮の多くが磐余地域に集中して営まれるのです。

なお垂仁天皇の宮号は、『古事記』では「師木玉垣宮」と表記し、『日本書紀』では「纏向珠城宮」とすることから、欽明天皇の磯城嶋金刺宮《しきしまのかなさしのみや》という宮号も、纏向や磐余に近い地域にあったことがわかります。これら王宮の所在地については『桜井市史』をはじめ多くの論考があるのでそれに譲りますが、注目しておきたいのは欽明朝の宮号に「嶋」が含まれる点です。「嶋」が古代の庭園をさし、それが池に浮かぶ島に由来することは岸俊男先生が早くに論じられました（「『嶋』雑考」『日本古代文物の研究』塙書房、一九八八年）。ですから欽明天皇の王宮にも島をもつ苑池のあったことが推察されます。このように考えてくると、磐余にあった王宮に象徴となる槻樹と苑池とがあったように、纏向にも聖なる槻樹と島を浮かべた苑池の存在した可能性も考えておくべきでしょう。

図66 磐余池推定地（奥に天香久山がみえる）

軽の大槻と樹下の誓盟

蘇我氏と軽

先ほど、万葉歌に謡《うた》われた斎槻《ゆつき》がそびえていた軽の地に触れましたが、今少し軽について史料をながめておきましょう。

『古事記』には、応神天皇は「軽嶋明宮《かるしまのあきらのみや》に坐《ま》しまして、天の下治《し》らしめき」と見えます。先ほどの欽明天皇の宮号に「嶋」が含まれていたように、ここにも「嶋」があります。軽に池があったことは『古事記』の垂仁天皇段に語られています。垂仁天皇の御子、本牟智和気王《ほむちわけ》を二俣小舟《ふたまたおぶね》を作って乗せ、倭《やまと》の市師池《いちしのいけ》（磐余池）と軽池《かるのいけ》で魂振りの祭儀をさせたという話です。

軽池は万葉歌にも見えます。

軽の池の浦み行き廻《み》る鴨すらに玉藻のうへに一人寝なくに

（『万葉集』巻第三—三九〇）

紀皇女《きのひめみこ》の歌です。「軽の池の岸辺近くを行きめぐる鴨でさえ、玉藻のうえにひとり寝ることはないのに（わたしは一人寝の夜を寂しく過ごすことだ）」という歌意。

鴨と池といえば、大津皇子の辞世歌が思い浮かびます。

ももづたふ磐余の池に鳴く鴨を今日のみ見てや雲隠りなむ　（『万葉集』巻第三—四一六）

磐余池と軽池が魂振りの祭場として史上に登場することは興味深いことです。

王宮を軽に営んだのは、応神天皇だけではありません。懿徳《いとく》天皇の軽境岡宮《かるのさかいおかのみや》（記）・軽曲峡宮《かるのまがりおのみや》（紀）、孝元天皇の軽堺原宮《かるのさかいはらのみや》（記）・軽境原宮《かるのさかいばらのみや》（紀）と、いわゆる欠史八代の天皇のなかにも、軽に王宮を営んだ伝承が見えるのです。欠史八代が実在性のとぼしい天皇であることはいうまでもありません。しかし、記紀が語る神武天皇につながる王統や立后などの系譜記事、王宮、陵処、また豪族との系譜関係など、欠史八代の記載がまとめられるにも、なんらかの背景が存在したことは間違いありません。わたしはその成立に蘇我氏の関与があったと考えています。

ここでの主題に関していえば、『日本書紀』が伝える懿徳《いとく》天皇の宮号「軽曲峡宮」は「軽曲殿《かるのまがりどの》」（欽明天皇二十三年八月条）とよばれた蘇我稲目の館の名と関連すると考えられます。この館は馬子の代にも伝えられ「槻曲家《つきくまのいへ》」（用明天皇二年四月条）という名がみえます。

軽のシンボルが斎槻であったことを想起していただければ、「軽曲殿」と「槻曲家」が同じ館である可能性の高いことが理解いただけましょう。そもそも葛城氏から分かれた蘇我氏は、宗我坐宗我都比古《そがにますそがつひこ》神社の鎮座する橿原市曾我の地に本拠があって、稲目の時代以降は畝傍山の東南麓から飛鳥へと進出しつつありました。稲目の館には軽曲殿のほか、向原家や小墾田家が、馬子の館には石川宅などがみえます。軽の地もその版図に含まれます。

近鉄吉野線の岡寺駅の西、高取川を挟んで対面する丘陵に東向きに牟佐坐《むさにいます》神社が鎮座しています（図

67)。一帯が身狭《むさ》とよばれた地域です。近世、牟佐坐神社は「境原天神」とよばれていました。孝元天皇の宮号にみる「境原（堺原）」、さらに『古事記』が伝える懿徳天皇の宮号にみる「境岡」と関連があるでしょう。一方、書紀がいう懿徳天皇の宮号「軽曲峡宮」に見える「峡」を文字どおり理解すれば、それは「軽にある曲った谷あいにある宮」ということになります。牟佐坐神社のある丘陵の北麓は高取川が直角に流れを変える谷あいで、地形をよく言い当てているではありませんか。「境岡」や「境原」にみえる「境」は「坂合」とも表記されます。

加藤謙吉氏はこの「坂合」という地名を地形にもとづくと考えるより、飛鳥の境界祭祀の執行と外国使節の入朝に際し、その迎接にあたる境部集団の居住にちなむ地名とみています（「境部の職掌について」『大和王権と古代氏族』吉川弘文館、一九九一年）。わたしも加藤説に従いたいと思います。欽明天皇の陵「檜隈坂合陵《ひのくまのさかいのみささぎ》」に見る「坂合」もこの同じ地名によるのでしょう。欽明陵説が盛んに言われる五条《ごじょう》野丸山《のまるやま》古墳はまさに坂合に位置しています。他方、欽明陵に治定されている梅山《うめやま》古墳（図68）も、さほど離れてはいません。蘇我氏と同族であった境部臣摩理勢《さかいべのおみまりせ》も付近に居住し、境部集団を統括したとみられます。難波や紀伊から飛鳥の王宮へ入朝する際の交通の要衝としての軽に境部集団が居住したことは、軽の地が王権にとって重要な場であったことをよく語っています。推古二十（六一二）年、欽明天皇の妃、堅塩媛《きたしひめ》を欽明陵に改葬するに際し、境部臣摩理勢が軽のチマタ（図69）で氏姓の本を誄《しのびごと》したのも、彼が蘇我一族であったという点にくわえ、境部集団を率いて軽衢《かるのちまた》を実質的に管理する立場にあったが故とする加藤氏の見解は明晰です。

図 67 現在の牟佐坐神社（奈良県橿原市）

図 68 梅山古墳（欽明陵古墳、左が墳丘。奈良県明日香村）

軽の大槻

乙巳《いっし》の変《へん》（六四五年）で蘇我本宗家が滅亡した四年後、中大兄皇子《なかのおおえ》らを中心とする改新政治を支えてきた蘇我倉山田石川麻呂《そがのくらのやまだのいしかわのまろ》は謀反の疑いをかけられます。石川麻呂は難波宮から逃れ、茅渟道《ちぬのみち》を経て大和にある山田の家に帰ろうとします。長子の興志《こごし》は山田寺を造営するために大和にいましたが、変事を知って父を「今来《いまき》の大槻」のもとに迎え、山田寺へ入り、やがて石川麻呂一族は自経します。

「今来」が「高市」地方を指す地名であることは坂上系図に引く姓氏録逸文から明らかで、新来の漢人たちが集住したことに由来します。それは明日香村から橿原市にまたがる地域の旧郡名です。軽もそこに含まれます。興志は、山田寺から出て「大槻」がある地点で石川麻呂を迎えます。山田寺は磐余から安倍を経由し、軽のチマタに至る山田道のなかほどに位置します。

軽のチマタは、奈良盆地をまっすぐ南北に貫く下ツ道と、東西道の山田道が正十字に交差する地点で、また軽市として賑わっていました。現在、近鉄橿原神宮前駅の東口から東進する道路が山田道を踏襲した路線です。改札を出て、その道路を百メートルばかりたどれば、南北に走る国道一六九号線と交わる、丈六という名の交差点に至ります。国道は下ツ道のルートと重なり、その交差点が軽のチマタにあたることは確かでしょう。

追っ手の迫るなか、自邸がある山田へと急ぐ石川麻呂には、横大路を東にとって磐余から山田へ至る遠回りの経路をとる余裕はありません。軽のチマタから山田道をたどったはずです。したがって「今来の大槻」は先に紹介した万葉歌にみる「軽の社の斎槻」を指しているとみて間違いないでしょう。

『日本書紀』天武天皇十年条には、

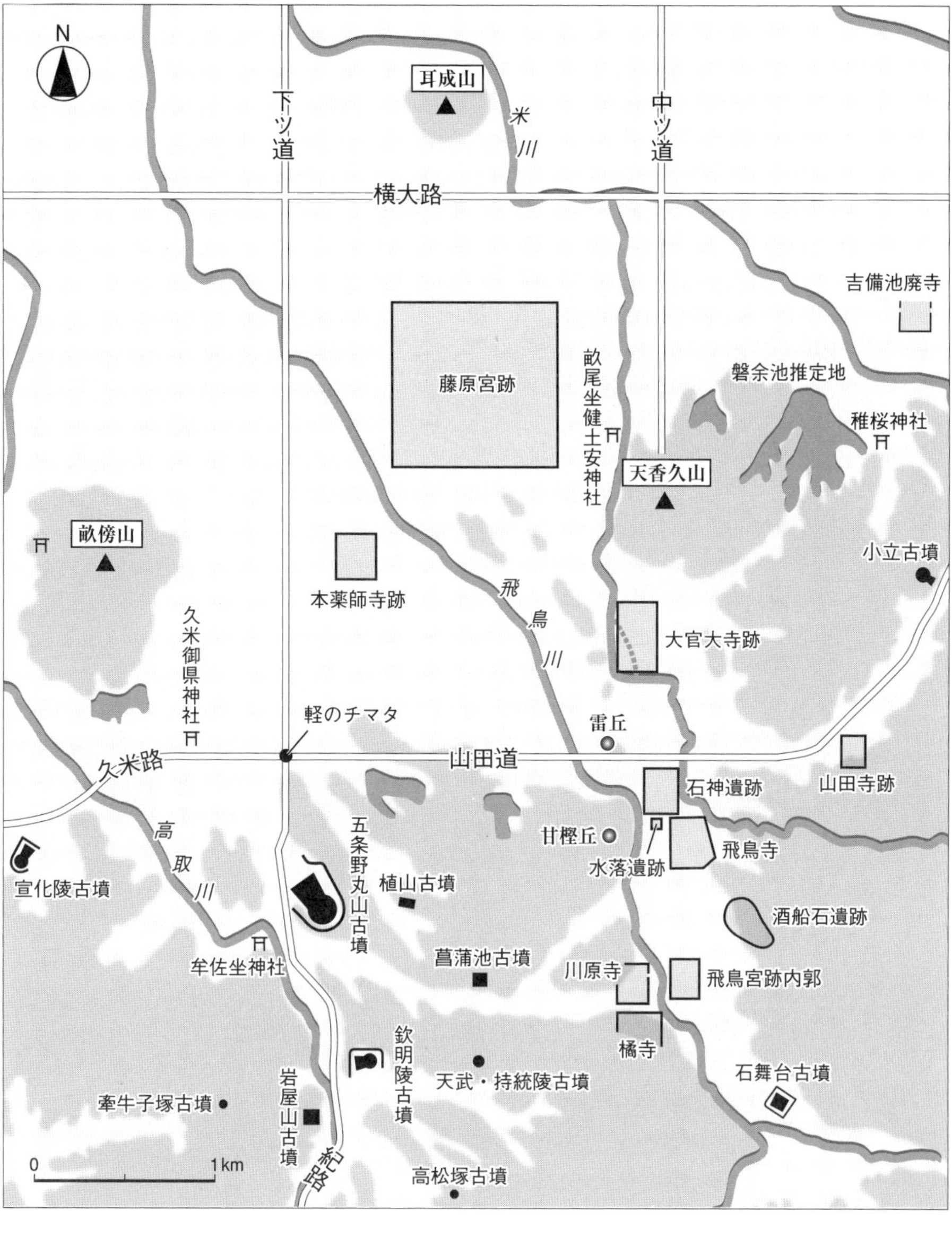

図69 軽のチマタと周辺の古代遺跡

親王《みこたち》より以下《しもつかた》及び群卿《まへつきみたち》、皆軽市に居《はべ》りて、装束《よそひ》せる鞍馬《かざりま》を検校《かむが》ふ。小錦《せうきむ》より以上《かみつかた》の大夫《まへつきみたち》、皆樹《こ》の下《もと》に列《つらな》り坐《はべ》れり。大山位《だいせんのくらゐ》より以下《しもつかた》は、皆親《みづか》ら乗れり。共に大路の随《まま》に、南より北に行く。

と、軽市の樹下での観閲の様子が記されています。軽市の樹がくだんの斎槻であることは言うまでもありません。槻樹の下に官人が列り坐ることのできるほど大きな枝を伸ばした大木が大路に沿って聳えていた情景がみえてきます。

蘇我興志は、山田道を経て大槻の下に父の石川麻呂を迎えたわけですから、大槻は山田道にも沿っていたことになります。要するに下ツ道と山田道の交差点に大槻＝斎槻が聳えていたのです。まさに軽市のシンボルとなった聖樹であり、そこは観閲が催されるセレモニーの場であったことがわかります。

推古二十年、堅塩媛《きたしひめ》改葬にともなう軽衢での誄《しのびごと》儀礼も、軽市が祭儀空間として大きな位置を占めていたことを語っています。

「大槻樹下の誓盟」の地はどこか

わたしには、かねてからぜひ再検討したいと考えていたことがありました。乙巳の変で蘇我本宗家が滅亡した直後、孝徳天皇・皇極上皇・中大兄皇子は群臣を招集し、大王統治への忠誠を天神地祇《あまつかみくにつかみ》に誓盟させます。『日本書紀』はその祭儀を「大槻の樹の下」でおこなったと記述します。しかしその大槻がどこに聳えていた樹なのか、具体的な場所は書かれていません。これまで、この大槻は飛鳥寺の西（図70）にあったとされてきました。この点に疑問を呈した人はいなかったようです。

天武・持統朝、飛鳥寺の西にあった槻樹のもとで多禰嶋人《たねのしまびと》、隼人《はやひと》、蝦夷《えみし》らを迎えた饗宴や、隼人の相撲などがおこなわれた記載のほか、壬申の乱に際し、近江朝方が軍営を置いた飛鳥寺の西に槻樹があったという記述が『日本書紀』に見えることは間違いありません。

しかし、それ以前の記録では皇極三年に「法興寺（飛鳥寺）の槻樹の下」でおこなわれた打毬《けまり》が契機となって、中大兄皇子と中臣鎌足が親交を結ぶことになったというよく知られる記事が見えるのみです。

図 70 飛鳥寺の西の風景（手前の五輪塔は伝「入鹿の首塚」、背後の丘陵は甘樫丘）

この打毬の伝承は、いわゆる乙巳の変への伏線として挿入されたもので、信憑性に欠ける記載です。この点については、すでに一九五三年に山田英雄氏がその信憑性に問題があると提起しています（「中臣鎌足について」『日本歴史』第五八号）。

　すると飛鳥寺の槻に関する記載は天武・持統朝にのみ見えることになります。しかもそこには「飛鳥寺の西の槻」や「西の槻」としか見えず、「大槻の樹」とする記載は存在しません。なによりも書紀に見える「大槻」は、「大槻樹下の誓盟」のほかには、先ほどの「今来の大槻」しかありません。両記載の間は四年です。わたしは誓盟の場となった大槻の樹が軽衢にそびえた斎槻とみて間違いないと思います。そこは、蘇我本宗家滅亡後の新たな古代国家の出発にあたっての大セレモニーの場としてふさわしかったでしょう。上述した、推古二十年の軽衢での誄儀礼や、天武十年の軽市での樹下の観閲など、王権にかかわる儀式がそこでおこなわれたことに注目すべきです。

　なお、長谷朝倉宮の斎槻と同じく、軽衢の斎槻もまた「百枝槻」と表現されることもあったようです。『万葉集』巻二に「柿本朝臣人麻呂、妻の死《みまか》りし後、泣血《いさ》ち哀慟《かなし》みて作れる歌」があります。「軽の市にわが立ち聞けば……」（二〇七）と人麻呂は亡き妻の里である軽市に立ちつくし、妻に会おうとします。つづく歌には「わが二人見し　走出《はしりで》の　堤に立てる　槻の木の……」（二一〇）と、軽市の槻樹が池の堤に聳えていたことをうかがわせるくだりもみえます。この池が「軽池」であることは、言うまでもありません。そして「わが二人見し　出で立ちの　百枝槻《ももえつき》の木……」（二一三）とあって、軽に立つ斎槻が百枝槻であったと知られます。

境の槻樹

軽のチマタに聳える斎槻が「今来《いまき》の大槻」であることを論じてきましたが、わたしは「大槻」という呼称の根源に、それが巨樹であるだけにとどまらず、ひときわ高い尊貴性をもつ斎槻として、天皇（大王）による天下支配の象徴的な樹木と観念されたと考えています。それゆえに、奈良盆地を南北に貫く下ツ道設定の起点とされたのではないでしょうか。

軽のチマタからやや南に、六世紀後半に築かれた全長三一〇メートルの大壺形墳、五条野丸山古墳があります。従来はこの古墳の中軸線と突出部（前方部）側の周濠外縁、または周庭帯との交点を下ツ道の起点とみる岸俊男説が定説となってきました（「大和の古道」『日本古代宮都の研究』岩波書店、一九八八）。しかし、同墳の突出部には周濠や周庭帯は存在しません。

さて、下ツ道を中軸にして平城京が造営されたことはよく知られています。軽のチマタから真っすぐ北に二三キロ余、そこに平城宮の大極殿が位置します。現在、復元された平城宮大極殿の中に高御座《たかみくら》が設《しつら》えられていますが、それはまさに天につながる軽の大槻を真南に望む位置にあるのです。このようなことを考える研究者は誰もいませんが、わたしはそうしたコスモロジーのもとに平城京が造営されたと考えたいのです。

では軽の大槻の聖性の根源はどこにあるのでしょう。そもそも軽は纏向に興ったヤマトの王統を継ぐ応神天皇が新たな王宮（軽嶋明宮）を営んだ地です。応神の後、仁徳朝の難波、履中朝の磐余へと王宮の地はめまぐるしく移動します。しかし、允恭天皇の皇子女である木梨軽皇子《きなしのかるのみこ》や軽大娘皇女《かるのおおいらつめのひめみこ》、なにより孝徳天皇や文武天皇が軽を諱《いみな》としていた事実は、応神朝以後も軽宮が王族によって維持されつづけたことをうかがわせます。ここにも「大槻樹下の誓盟」の場が軽であった背景がありそうです。

しかし、それだけではありません。先にも触れた『古事記』垂仁天皇段に語られる、生まれながらにものを言うことのできない本牟智和気王の伝承に次のようなくだりがあります。王が言葉を獲得できない原因が出雲大神の祟りであると占いに明らかとなり、本牟智和気王は出雲大神を拝むことで言葉を獲得するために出雲へ向かうことになります。その際、大和から出雲に出かけるルートが占なわれ、那良戸《ならと》（奈良坂）や大坂戸《おおさかと》（大坂）は凶となり、ただ木《き》（紀）戸《ど》だけが吉のルートだというのです。「戸」とは文字どおり入口のことで、奈良坂や大坂は大和への入口にあたる境界です。「坂」は「境」でもあります。紀州回りのルートを紀路と言いますが、奈良盆地から紀路にかかる境の地点を木戸と言ったのです。おそらく前章で触れた紀水門から海路を利用したことが考えられます。

直線でのびる下ツ道は軽のチマタから南は、わずか四〇〇メートルばかりが真っすぐで、その後は丘陵にかかるため、地形なりにゆるやかに曲りながら高取川（古代の檜隈川《ひのくまがわ》）に沿うように紀伊をめざします。逆に言えば、紀伊から奈良盆地に参入したところに大槻が聳え立っていたわけです。先ほど述べました懿徳天皇や孝元天皇の「軽境岡」や「軽境原」という宮号に、軽の地がもつ特質がよく語られているではありませんか。軽の大槻の地が木戸であったのかもしれません。

再検討、飛鳥の槻樹

いますこし飛鳥寺の西の槻樹についてみておきましょう。

先にも述べましたが、この地にあった槻樹は天武・持統朝に周辺民族を饗応する場として書紀にしばしば登場します。ただ槻樹があった飛鳥寺の西の地域のことは、それ以前、とくに斉明朝にも夷狄《いてき》を饗応する場として書紀に見えます。すなわち①三年七月に覩貨邏人《とからのひと》を、②五年三月に陸奥《みちのく》と越《こし》の蝦夷《えみし》を、③六年五月には粛慎《みしはせ》を饗応します。しかしそれぞれの記事に槻樹は見えません。さらにその地点について、①は「飛鳥寺《あすかのてら》の西」、②は「甘檮丘《うまかしのをか》の東の川上《かはら》」、また③は「石上池《いそのかみのいけ》の辺《ほとり》」と記述されます。③の「石上池の辺」とは、飛鳥寺の西北の字「石神」付近にある石神遺跡に比定されていて、その東の区域からは建物に囲まれた、半島に起源をもつ方形の石組み池が発掘されています。これら三つの夷狄饗応記事に見える場所は飛鳥寺の西から北西にあたりますが、地点はそれぞれ違うような記述です。「飛鳥寺の西の槻樹」が見えないのも気になります。

また壬申の乱での近江朝方が軍営を置いたという書紀の記述をよく見ると、まずはじめに「（飛鳥）寺の西の営《いほり》」とあって、槻樹の下であることを述べていないのも、その槻樹が格別の聖性を備えた樹として意識されていなかったのかもしれません。ただし、つづく記事には「（近江朝の）留守司《とどまりまもるつかさ》高坂王《たかさかのおほきみ》（中略）等、飛鳥寺の西の槻《つき》の下《もと》に拠《よ》りて営を為《つく》る」とありますから、その軍営の中心に槻樹があったことは明らかです。

ところが、先の三つの夷狄饗応記事で注視されるのは、饗応に先だって、その場に必ず須弥山《しゅみせん》（図71）が造られる点です。たとえば②では「甘檮丘の東の川上に、須弥山《すみのやま》を造りて、陸奥《みちのく》と越《こし》との蝦夷に饗《あへ》たまふ」と見えます。須弥山は仏説で世界の中心にそびえ立ち、周囲を日月星辰がめぐるとされる山

図71 須弥山石（複製）
１段目、３段目、最上段は石神遺跡から掘り出されたものの複製。表面の浮彫り文様の連続性や、内部の噴水の構造などからもうひとつの石の存在が推察され、２段目があらたに造形された。

のことで、宇宙の中心にそびえる聖山にほかなりません。③の粛慎への饗応記事の直前に「皇太子《ひつぎのみこ》、初めて漏剋《ろこく》を造る。民《おほみたから》をして時を知らしむ」という記載があります。この漏剋の遺構が石神遺跡の南、飛鳥寺の北西に接して発掘されています（水落遺跡）。宇宙の中心としての須弥山の造作と、時を支配する施設を隣り合わせて設けたことは、当該の地域が大陸から移入した先進文化をもって、飛鳥の王宮に新たな聖なる空間を創出しようとしたものと理解したいと思うのです。それは纏向・長谷・軽などの歴代王宮の場のシンボルであった百枝槻（宇宙樹）にかわる、聖なる祭儀空間の仕掛けだったと考えます。

もちろん天武・持統朝に登場する飛鳥寺西の槻樹は、壬申の乱に近江朝方の軍営の中心になるわけですから、やはり巨樹であったことは確かでしょう。しかしそれが斉明朝の段階に、斎槻として聖別されていたようにはみえません。

他方、斉明朝の斎槻といえば、斉明紀二年是歳条に「（田身《たむの》）嶺《みね》の上の両《ふた》つの槻《つき》の樹《き》の辺《ほとり》に、観《たかどの》を起《た》つ。号《なづ》けて両槻宮《ふたつきのみや》とす。亦《また》は天宮《あまつみや》と曰ふ」と、両槻宮造営に関する記載があります。ここにみえる「観」が道教寺院か否かについてはさておき、並び槻、または連理の槻を名とする王宮が営まれた点に、槻の聖性がみてとれるとともに、なにより「天宮」という名にそれが宇宙樹と見立てられていたことがうかがえるではありませんか。そして飛鳥寺の西の槻樹が、セレモニー空間の聖樹として歴史の表舞台《おもてぶたい》に登場するのは、天武・持統朝になってからと考えられます。

しかし、軽のチマタの槻樹は、大和第一のランドマーク（大槻）として聳立《しょうりつ》していたことでしょう。

8

LECTURE

大和三山と王宮

ヤマト王権誕生の地である三輪山麓、なかでも大神《おおみわ》神社から山辺の道を少し北へ歩いた桜井市茅原《ちはら》のあたりまで来ると、視界がひらけて奈良盆地が見渡せます。わたしは茅原大墓《ちはらおおばか》古墳の後円部からながめる奈良盆地の風景が気に入っています。

そこから南西方向に目をやると、広がる田畠の彼方に、東から天香久山・畝傍山・耳成山と、並び立つ大和三山が一望できます。ゆるやかな円錐形をした、優しい耳成山の姿はどこから見ても変わりませんが、眺めやる方角によって山容を著しく変える天香久山と畝傍山は、その秀麗さにおいて、ここからの眺めが抜きん出ているようにわたしには思えます。飛鳥からは座布団を置いたように低平に見える天香久山も、三輪山麓からながめると耳成山と同様、みごとな円錐形をして見えるのが意外です。また三山のなかでいちばん高く海抜約二〇〇メートルの畝傍山が、急峻な円錐形をなして風景を引き締めています。

まさに「香具山は　畝火ををしと　耳梨と　相争ひき　神代より　かくにあるらし　いにしへも　然にあれこそ　うつせみも　妻を　争ふらしき」（巻第一―一三）という万葉歌が念頭に浮かぶ風景です。わたしはそこからの風景に、三山をめぐる妻争いの神語りが編み出される契機があったのではと思わずにいられません。本章では、大和三山と王宮をめぐる古代伝承のなかから立ちあらわれる、古代大和の原風景に思いをはせることにしたいと思います。

なお、三山の表記は、香具山には芳来山・芳山・香山・香久山・香来山・加具山など、また畝傍山には畝火山、耳成山には耳無山などがあります。ここでは、三山をそれぞれが登場する史料にしたがって表記することにします。

天香久山

磐余宮と磐余池

香具山（図72）の東から東北麓一帯は、古代に磐余とよばれた地域です。そこには、五世紀中頃以降、六世紀代を中心として、王宮が集中的に営まれます。記紀をはじめ史籍には、磐余稚桜宮《いわれのわかさくらのみや》（神功・履中）、磐余甕栗宮《いわれのみかくりのみや》（清寧）、磐余玉穂宮《いわれのたまほのみや》（継体）、磐余訳語田幸玉宮《いわれのおさたのさきたまのみや》（敏達）、磐余池辺双槻宮《いわれのいけへのなみつきのみや》（用明）、石寸神前《いわれのかむさき》

図 72 天香久山

宮《のみや》（崇峻）などの王宮が見えます。また朱鳥元《あかみとり》（六八六）年十月に謀反が発覚した大津皇子は訳語田舎《おさたのいえ》で刑死することになりますが、そこは先の敏達天皇の王宮と同地と考えられ、殿舎の機能が七世紀後葉まで維持されていたことがうかがえます。

『万葉集』には、大津皇子が死に臨んで磐余池の堤で作った歌として「ももづたふ磐余の池に鳴く鴨を今日のみ見てや雲隠りなむ」（巻第三―四一六）という歌が収められているのはよくご存じのことでしょう。訳語田舎に近く磐余池があったことがわかります。

『日本書紀』によれば、磐余池は履中二年十一月に築かれ、翌年十一月には磐余市磯池での船遊びのおり、掖上室山《わきのかみのむろのやま》から散り来った桜の花が盃に散り浮かんだことを瑞兆として王宮を磐余稚桜宮とよぶようになったとみえます。磐余池と磐余市磯池は同じ池を指すとみて間違いなく、ここでも池のかたわらに王宮の営まれたことがうかがえるとともに、その池が船遊びをはじめ祭儀をおこなう苑池であったと理解される点は、飛鳥京の苑池遺構との関連からも注視しておくべきでしょう。

磐余池の位置については、橿原市東池尻町から桜井市池ノ内にまたがる天香久山北東麓にあたるとする和田萃《わだあつむ》氏の研究（「磐余地方の歴史的研究」『磐余・池ノ内古墳群』奈良県教育委員会、一九七三年）が知られています。堤とみられる帯状に延びる地形と、それを裏づける「池尻」や「池ノ内」という地名、また池の内側に幾つものこる「中島」「中嶋」という地名に、池のなかに島が築かれていたことが容易に観想されます。飛鳥京苑池に築かれた島状遺構や、蘇我馬子が飛鳥河辺の屋敷の庭に掘った池に島を築いたという推古紀の記述（三十四年五月条）などをあわせ考えれば、そこが宴遊の場であった可能性を高めてくれます。さらに磐余池の東を画する丘陵上、桜井市池ノ内字稚桜に鎮座する稚桜神社の存在も、王宮の伝承との関連から無視できません。

二〇一一年、東池尻町の堤とみられる帯状の高まりが人工的に築かれた遺構であると確認されました。発掘した橿原市教育委員会は、それが六世紀後半頃に築かれた堤であり、その堤の上に同時期の掘立柱建物跡が建てられていたことを明らかにして、大きく報道されました。わたしはその建物を苑池の風景や船遊びを眺めるための施設だったのではないかと考えています。

磐余池についての伝承は前章でも触れたように、『古事記』垂仁天皇段にも語られます。天皇は、生まれつきものを言うことのない御子、本牟智和気《ほむちわけ》王に言葉を与えるため、倭《やまと》の市師池《いちしのいけ》と軽池《かるのいけ》に二俣《ふたまた》小舟《おぶね》を浮かべて遊ばせました。勇壮な船漕ぎの動作に魂の漲りを感じとらせて、御子がそのエネルギーを取り込むことで言葉を獲得させようとする魂振りの祭儀だったと考えられます。大津皇子が死に臨んで磐余池の鴨を歌った点も考えあわせ、磐余池が魂を活性させる魂振りの場と認識されていたことがうかがえます。

ヤマトの範囲

ここにみえる倭の市師池が、上述の磐余市磯池、すなわち磐余池であることは間違いないでしょう。「倭の市師池」という呼称は、市師池が「倭」の地にふくまれることを語っています。すると磐余地域もまた磯城地域を中心とする狭義のヤマトの範囲に含まれることになる点は注目されます。従来、狭義のヤマトは天理市の大和《おおやまと》神社を中心に、大神《おおみわ》神社あたりまでの地域と考えられてきましたが、天香久山北麓の磐余地域まで広がるとみるべきです。

垂仁紀二十五年条の別伝に、倭大国魂神《やまとのおおくにたまのかみ》（大和神社の祭神）が神地を穴磯邑《あなしのむら》に定め、大市《おおち》の長岡岬《ながおかのさき》で祭られたと語られることから、わたしは現在の大和神社は大市から遷座した可能性が高いと考えます。大市とは箸墓古墳のあるあたりの地名ですから、狭義のヤマトの範囲は、やはり従来の比定地域より南、三輪山西麓から磐余付近までひろがるのではないでしょうか。

六世紀後葉、用明天皇の王宮も磐余池のかたわらにありました。書紀には「磐余に宮つくる。名《なづ》けて池辺双槻宮《いけのへのなみつきのみや》と曰ふ」とあります。履中天皇の稚桜宮と近接する場所に営まれたのでしょう。先ほど述べた近年の発掘成果は、この時期の建物遺構と考えられます。磐余池のかたわらに営まれた王宮には、並び立つ二本の槻、または連理の樹形をした槻のそびえていたことが宮号からわかります。そのことは、当該の槻が磐余宮を象徴する巨樹だったことをうかがわせます。それは斉明天皇が田身嶺《たむのみね》の頂上にそびえる二本の槻樹のかたわらに宮を建て、それを「両槻宮《ふたつきのみや》」、または「天宮《あまつみや》」とよんだという斉明紀二年是年条の記載を思い出させます。槻がヤマト王権の王宮を象徴する聖樹であったことは、前章でくわしく検討しました。ここでは磐余にも百枝槻があったことを再確認しておきたいと思います。

天香山の埴土

さて、磐余といえば神武天皇の名、神日本磐余彦《かむやまといはれびこ》（神倭伊波礼毘古）が思い浮かびます。神武東征の終盤、熊野から宇陀《うだ》・忍坂《おしさか》を経て国中《くんなか》へと軍を進めた磐余彦は、やがて磯城《しき》地域の首長を討つことになります。書紀によると、磐余邑《いわれのむら》の兄磯城《えしき》が率いる八十梟帥《やそたける》を討つにあたり、夢に神託を請う磐余彦に、天香山《あまのかぐやま》の社《やしろ》の中の土《はに》を取りて、天平瓮《あまのひらか》八十枚《やそち》を造り、幷《あは》せて厳瓮《いつへ》を造りて、天神地祇《あまつやしろくにつやしろ》を敬《ゐやま》ひ祭《まつ》れ。亦《また》厳呪《いつのかしり》をせよ。如此《かくのごとく》せば、虜《あた》自《おの》づからに平《む》き伏《したが》ひなむ

（『日本書紀』神武即位前紀）

と天つ神の託宣がくだり、つづいて磐余彦に従う弟猾《おとうかし》も同様の進言をするにいたり、神の夢告を確信した磐余彦は、椎根津彦《しいねつひこ》に卑しい衣服と蓑笠を着せて翁《おきな》の姿を、また弟猾に箕を被らせて嫗《おうな》の姿をとらせ、天香山の埴土を採りにゆかせます。その書紀のくだりを引用しておきましょう。

勅《みことのり》して曰《のたま》はく、「汝二人《なむたちふたり》、天香山に到りて、潜《ひそか》に其の巓《いただき》の土《はにつち》を取りて、来旋《かへ》るべし。基業《あまつひつぎ》の成否《ならむならじ》は、当《まさ》に汝を以て占《うらな》はむ。努力《ゆめ》、慎歟《ゆめ》」とのたまふ。（中略）時に、群虜《あたども》、二《ふたり》の人を見て、大きに咲《わら》ひて曰はく、「大醜《あなみにく》の老父老嫗《おきなおみな》なる」といひて、則《すなわ》ち相與《あひとも》に道を闢《さ》りて行かしむ。二の人、其の山に至ること得て、土《はにつち》を取りて来帰《まうかへ》る。是《ここ》に、天皇、甚《にへさ》に悦《よろこ》びたまひて、乃ち此の埴《はにつち》を以て、八十平瓮《やそひらか》・天手抉《あめのたくじり》八十枚《やそち》・厳《いつ》瓮《へ》を造《つ》作《く》りて、丹生《にふ》の川上《かはかみ》に陟《のぼ》りて、用《も》て天神地祇《あまつかみくにつかみ》を祭《いはひまつ》りたまふ。

（『日本書紀』神武即位前紀）

この芸能性豊かに語られる翁と嫗の姿に、常世からのマレビトとして、味方を祝福する来訪神の姿をみてとったのは折口信夫でした（「国文学の発生（第三稿）」『折口信夫全集』第一巻、中央公論社、一九六五年）。蓑笠で装った椎根津彦の姿に、高天原から追放された素戔嗚尊《すさのおのみこと》の姿をみることができます。それは神が人の世にあらわれる際に、その身を装う呪具だったと考えられます。やがて、マレビトが天香山からもたらした埴《はに》で作った器を用いた神祭りが、磐余彦に国中《くんなか》平定の幸をもたらすこととなるわけです。そこ

に天香山が高天原に属する、またはつながる地として観念されていたことがうかがえます。

それは『伊予国風土記』逸文に語られる伊予郡天山《あめやま》（図73）の地名起源譚にも、

天山と名づくる由《ゆゑ》は、倭《やまと》に天加具山《あめのかぐやま》あり。天より天降《あも》りし時、二つに分れて、片端《かたはし》は倭の国に天降《あまくだ》り、片端は此の土《くに》に天降りき。因《よ》りて天山と謂《い》ふ

とみえることからも、広く認知されていたことがわかります。

『万葉集』が載せる「鴨君足人《かものきみのたりひと》の香具山の歌」が「天降《あも》りつく天《あま》の芳来山《かぐやま》」（巻第三—二五七）と歌い、つづく二六〇番歌が「天降りつく神《かみ》の香山《かぐやま》」と歌うのも、そうした伝えがひろく知られていたことを語っています。それはいわゆる天の岩屋戸神話において、太陽神復活のために天児屋命《あめのこやねのみこと》や天宇受売命《あめのうずめのみこと》がおこなった呪的祭儀に用いられた祭具（真男鹿《まおしか》の肩骨と天の波波迦《ははか》・五百津真賢木《いおつまさかき》・天の日影《ひかげ》と天の真拆《まさき》・小竹葉《ささば》）のいずれもが、「天香山」由来のとりものとして、くり返し語られることにつながるわけで、くだんの山が「天」を付けて呼称される意味はそこにあるのです。

崇神朝に乱を起こした武埴安彦《たけはにやすびこ》の反逆伝承にあって、書紀が、

武埴安彦が妻吾田媛《あたひめ》、密《ひそか》に来たりて、倭《やまと》の香山《かぐやま》の土《はに》を取りて、領巾《ひれ》の頭《はし》に裹《つつ》みて祈《の》みて曰《まう》さく、「是《これ》、倭国《やまとのくに》の物実《ものしろ》」とまうして、則《すなは》ち反《かへ》りぬ
（『日本書紀』崇神天皇十年九月）

図 73 天山神社（愛媛県松山市）

と、天香久山の土を倭の国の象徴として呪詛するのも、それが磐余彦の大和平定に決定的な役割を果たしたという、さきの物語が前提となっていることはいうまでもありません。さらに「吾田媛、密に来たりて、倭の香山の土を取りて云々」という叙述にみえる「倭」が、狭義のヤマトの範囲を指すことは文脈から明らかですが、一方、香山の土を「倭国の物実」と「国」を付していう点に、大王による政治的版図としての広義のヤマトが意識されていることは確かでしょう。天香久山の土がそのシンボルだというのです。

天香久山の高い象徴性は、『万葉集』が載せる舒明天皇の国見歌に明快に歌われることは4章に述べました（一〇五ページ参照）。天から天降った聖なる山＝天に属する場に立ち、己が支配する国土を見る行為こそ、大王の権威を誇示する祭儀にふさわしいではありませんか。

なお、先に触れた「鴨君足人の香具山の歌」（巻第三―二五七）で、「香具山」が「芳来山」と表記される点には留意しておかなければなりません。それは、明らかに古代中国の仙山「蓬萊山」に由来する表記で、三山のなかでも格別の神山とみなされていたことがうかがえます。

埴土をとった場所

では、天香山の埴土を採取した地点はどこだったのでしょう。

先にあげた書紀の記述からは、天香山の頂上に坐す天つ神を祀る社の中と理解されます。たしかに舒明天皇の国見歌にも、「天の香具山　登り立ち　国見をすれば」とある点からも、そこがふさわしいかもしれません。この社は、天香久山の頂上に鎮座する国常立《くにのとこたて》神社の境内に比定できそうです。

しかし、この埴土採取地を天香久山の頂上にする考えは、さほど安定した説でもなさそうです。書紀は、国中平定の末尾を、天香山の埴土を採取した地を「埴安《はにやす》」と名づけたといいます。『万葉集』にみる柿本人麻呂による高市皇子《たけちのみこ》の殯宮歌《あらきのみやのうた》（巻二―一九九）は、皇子の宮殿を「香来山之宮」とよび、それが「埴安《はにやす》の御門《みかど》の原」に所在すると歌います。

一九八五年から翌年にかけて天香久山の北西麓、橿原市木之本町でおこなわれた発掘調査では、奈良時代前半に属する井戸や大溝から「香山」という墨書のある多数の土器が出土し、注目を集めました。この事実は天平二（七三〇）年の「大倭国正税帳《やまとのくにしょうぜいちょう》」にみえる「香山正倉《かぐやまのしょうそう》」が付近に展開していたことを想定させます。鬼頭清明氏は、香来山之宮の倉庫施設が、皇子の没後、香山正倉として利用された可能性を考えています（『古代宮都の日々』校倉書房、一九九三年）。

高市皇子の殯宮歌には「埴安の池の堤の隠沼《こもりぬ》の行方《ゆくへ》を知らに舎人《とねり》はまとふ」（巻二―二〇一）という短歌がつづき、香来山之宮に近く埴安池があったことが知られ、ここにも宮殿とそれに付属する池の存在が指摘されるのです。埴安池の堤は「藤原宮の御井の歌」（巻一―五二、二三〇ページ参照）に、「埴安の堤の上に　在り立たし　見し給へば」と、藤原宮を讃える国見の場として登場します。「埴安」という地名は、天香久山の山頂よりも、「埴安池」や「埴安の御門の原」という古代地名として、その北西麓に比定できる点は見過ごせません。

土器墨書「香山」出土地の北に接する橿原市下八釣《しもやつり》集落の東南隅に、畝尾《うねお》坐《にいます》健土安《たけはにやす》神社（図74）に比定される社が鎮座しています。ちょうど奈良文化財研究所の飛鳥藤原宮跡発掘調査部の北に隣接する場所にあたります。「土安」は「埴安」にほかなりません。さらにその南側の藪は「若宮」と称し、もと

図74 畝尾坐健土安神社（奈良県橿原市）

の鎮座地であったと伝えられ、その東が小字「赤ハギ」で、「赤埴」が転訛したとされるのも無視するべきではないでしょう。また小字「赤ハギ」の南、天香久山からのびる丘陵端の高まりを「赤埴山」というのも留意しておきたいと思います。香来山之宮が「埴安の御門の原」に立地したとする殯宮歌をあわせ考えると、祭儀に用いる埴土を採る地がこのあたりにあったとみるのが穏当ではないでしょうか。

記紀にみえる香山にかかわる記載を整理すると、「天香山の埴土採取」の伝承は『日本書紀』のみに記述され、『古事記』はまったく語らないという事実があります。また記紀がともに語る武埴安彦の反逆伝承でも、武埴安彦の妻による倭の香山の土を「倭国の物実」と呪詛する部分のみが『古事記』には見えません。一口に言うと、「天香山の埴土」について、『古事記』はまったく語ろうとはしないのです。それは埴土にかかわる伝承が、ヤマト王権の草創を語る神話に本来的なものではなかったことを物語ります。

畝傍山

軽の地

畝傍山(図75)の麓にも王宮が営まれた伝承があります。『古事記』に応神天皇が「軽嶋《かるしま》の明宮《あきらのみや》に坐《ま》しまして、天《あめ》の下治《したし》らしめしき」と述べるのがそれです。軽は畝傍山東南地域、橿原市大軽町が古くからの伝承地です。『日本書紀』には応神天皇が明宮に崩じたとみえます。宮号にみえる「明」は美称と

図 75 藤原宮跡よりみた畝傍山

みられ、「嶋」は島を築き浮かべた苑池が付属したことを語るものと考えられます。王宮に苑池が付属することは、先の磐余宮と磐余池のところで述べ、そこに島のあったことを地名から指摘しました。

軽と磐余の両地がともに登場する興味ある記事が書紀の雄略天皇十年条にみえます。

雄略十年九月、身狭村主青《むさのすぐりあお》等が呉の献上した二羽の鵝鳥《がちょう》を筑紫に持ち来ったところ、水間君《みぬまのきみ》の犬に食い殺される事件が発生します。そこで水間君は贖罪《しょくざい》として、雁の一種の鵠《くぐい》を一〇羽と養鳥人《とりかい》を献り、天皇の許しを得ることになります。そして翌月、養鳥人等を軽村と磐余村に安置したとあります。養鳥人とともに鵠もそれぞれの村に安置されたと理解され、両処の地名から判断して軽宮と磐余宮に営まれた苑池で飼育されたとみてよいでしょう。

また、前章で述べましたが、大津皇子が死に臨んで作った挽歌に磐余池の鴨が歌われ、紀皇女《きのひめみこ》の歌には軽池の鴨がとりあげられています（一九四〜一九五ページ参照）。軽（池）と磐余（池）が対をなすように登場するのも、両処に島を築いた苑池をもつ王宮があったという点で共通した背景をもっていたからでしょう。

軽池の位置について、大脇潔氏は軽寺跡の東、畝傍東小学校との間に北西方向に延びる大軽町小字「東浦・藪下」から「風呂ノ谷」におよぶ低地に比定しています（「軽寺考」『古代東国の考古学』慶友社、二〇〇五年）。有力な候補地と考えてよいと思います。

応神朝のほか、軽に王宮を営んだとする伝承が開化以前のいわゆる欠史八代にみえるのも無視できません。四代懿徳《いとく》朝の宮（軽境岡宮〈記〉・軽曲峡宮〈紀〉）と、八代孝元朝の宮（軽堺原宮〈記〉・軽境原宮〈紀〉）です。さらに書紀が「畝傍山の東南」と記述する、神武朝の橿原宮も近接した地域にあたります。

なお記紀が、二代綏靖朝、三代安寧朝、五代孝昭朝、六代孝安朝の王宮所在地をいずれも葛城地域として語る点にも留意しておかなければなりません。実在性のとぼしい神武から開化に至る九代の天皇の王統系譜や王宮、陵墓の所在地名などが、帝紀的記事にまとめられた時代の反映がそこにあることを見逃すべきではありません。

推古三十二年、蘇我馬子は葛城県を己が本居《うぶすな》と主張して、その支配を天皇に要求し拒否されるという事件が起こります。『古事記』の孝元天皇段に語られる建内宿禰同族系譜中に蘇賀石河宿禰《そがのいしかわのすくね》とともに葛《かずら》城長江曾都毘古《きのながえのそつびこ》がみえるのも、蘇我氏による葛城地域掌握の企図があったからでしょう。記紀にみる開化以前の帝紀的記載が成立するについて、蘇我氏の意向が大きく働いたことを暗示させます。

蘇我氏と軽

軽は、蘇我氏との関連性が深い地域です。

蘇我氏一族が営んだ家宅の所在地は、向原・小墾田・軽（稲目）、石川・槻・島（馬子）、豊浦・畝傍・甘檮岡・畝傍山の東（蝦夷・入鹿）・山田（石川麻呂）などが『日本書紀』にみえます。これらの地名の多くが、畝傍から桜井市山田に至る山田道に沿うように展開しているのです。蘇我氏本来の拠点は橿原市曽我町に鎮座する宗我坐宗我都比古神社《そがにますそがつひこ》を中心とした地域でしたが、欽明朝に大臣となった稲目の頃から畝傍山の東南から山田道沿いに邸宅をつぎつぎと構え、推古朝・舒明朝・皇極朝の王宮は蘇我氏の家宅に近接して営まれるという状況になります。

また稲目が軽に営んだ家宅は「軽曲殿《かるのまがりどの》」（欽明天皇二十三年八月条）とみえる点に、書紀が伝える懿徳朝の王宮「軽曲峡宮《かるのまがりおのみや》」との関連性がうかがえます。さらに馬子の代に「槻曲家《つきくまのいへ》」（用明天皇二年四月条）がみえますが、槻という地名が軽と同じ地とみられることは、前章でのべました。稲目の軽の家宅が馬子に伝えられたと推察されます。稲目以降の蘇我本宗家の中心は、畝傍山の東麓から軽の地域にあったとみてよいでしょう。

『万葉集』巻二の「柿本人麻呂、妻の死《みまか》りし後、泣血《いさ》ち哀慟《かなし》みて作れる歌」という詞書《ことばがき》をもつ歌群には、妻の里が軽であることや、亡き妻の声を聞こうとするが「畝火の山になく鳥の音《こえ》も聞えず」（巻第二—二〇七）と畝傍山が登場します。さらに、つづく二一〇番歌や二一三番歌には、妻とふたりで手をとりあって家から出たばかりの所にある堤には百枝槻がそびえていたことが歌われます。これらの歌から、軽の地に池があり、その堤に百枝槻が聳立していた風景が復元されます。王宮の苑池に起源する軽池とそのかたわらの百枝槻、その背後の畝傍山。それは磐余池と双槻、それに天香久山という構図とまったく同じではありませんか。天香久山と同様、畝傍山もまた聖なる山とみなされたことが推察されます。なによりその麓の橿原は東征した磐余彦（神武）が王宮を初めて造営した地とされ、『万葉集』に「玉だすき　畝火の山の　橿原の　日知《ひじ》りの御代」（巻第一—二九）や、「大和の国の　橿原の　畝火の宮に　宮柱　太知り立てて　天の下　知らしめしける」（巻第二十—四四六五）と、橿原宮にとっての聖なる山として畝火山のあることが歌われます。磐余の名をもつ人物が、磐余の地ではなく畝傍山の麓に即位することとされた背景に、そこが蘇我本宗家の中心であったという事情が大きく作用したと思われます。そこにも蘇我氏の意向をかいまみることができそうです。畝傍山が天香久山と並ぶ聖なる山とみなされるようになったのはその段階（七世紀前半）ではないでしょうか。

畝傍山にも天香久山と同様の埴土採取の伝承があります。『住吉大社神代記《すみよしたいしゃじんだいき》』の「天平瓮《あまのひらか》を奉る本記」にみえる話です。

それは天香久山の社の埴土をもって天平瓮八十枚を作り、住吉神を祀れば必ず神威がくだるとして、古海人老人に蓑・笠・箕を着せ、醜い姿をさせて埴土を採らせ、天平瓮を作ったというものです。ところが現在の住吉大社では、年二回の「埴使《はにつかい》」という神事が伝承されますが、それは畝傍山頂の特定の場で採取した埴土を用いて、天平瓮を作り祭器とするものです。『住吉大社神代記』は天平三（七三一）年の撰述と推定され、この埴土採取の記事が上述した神武紀の記載から案出された話と理解してよいでしょう。

耳成山

藤原宮と大和三山

天香山と畝傍山を聖なる山とみなす伝承の背景について考えてきました。最後に耳成山（図76）についてみておくことにしましょう。

耳成山は円錐形に単純に立ち上がる丘陵で、麓に王宮の設置に適当な安定した微高地が確保できないのみならず、東から北の山麓近くを米川が流下する地形上から、王宮を設置する適地ではなかったよ

図76 藤原宮跡よりみた耳成山

うです。推古九（六〇一）年五月、耳梨に営まれた行宮《かりみや》も、大雨のため宮庭が水にすっかり浸かってしまったことが書紀に記述される程度に過ぎません。しかし山容の秀麗さは一目おかれていたらしく、書紀の允恭天皇四十二年条には、天皇崩御にともなう新羅からの弔使が「宮城《みやこ》の傍《ほとり》の耳成山・畝傍山を愛《め》づ」というくだりがみえます。当該記載が、欽明二十一（五六〇）年以降に本格化するいわゆる新羅の調《みつき》にかかわる伝説的な記事であるものの、磐余地域に王宮が集中する六世紀段階に、耳成山の山容が人びとの目にとまっていたことは確かでしょう。

やがて持統四（六九〇）年、大和三山の真ん中、下ツ道と中ツ道の中間を中軸線にして計画された藤原京の造営が始まり、四年後に遷都。我が国における初の本格的都城が誕生します（図77）。しかし、すでに岸俊男氏の研究から明らかなように、天武陵が藤原宮の朱雀大路の延長線上にあること、宮の造営に先行して薬師寺（現、本薬師寺跡）の伽藍造営が始まり、天武末年には伽藍がほぼ整っていた大官大寺が、ともに藤原京の条坊に規制されていることは、藤原京の造営がすでに天武朝段階に着手されていたことを物語っています（岸俊男『日本古代宮都の研究』岩波書店、一九八八）。天武天皇は十三（六八四）年三月に飛鳥を巡行して宮室の地を定めますが、それが藤原宮にあたると推定できます。再び万葉歌「藤原宮の御井の歌」をみておきましょう。

やすみしし　わご大君　高照らす　日の皇子　あらたへの　藤井《ふぢゐ》が原《はら》に　大御門《おほみかど》　始めたまひて　埴安《はにやす》の　堤の上に　在り立たし　見《め》し給へば　大和の　青香具山は　日の経《たて》の　大き御門に　春山と　繁《しみ》さび立てり　畝火の　この瑞山《みづやま》は　日の緯《よこ》の　大き御門に　瑞山と　山さびいます　耳梨の　青菅山《あをすがやま》は

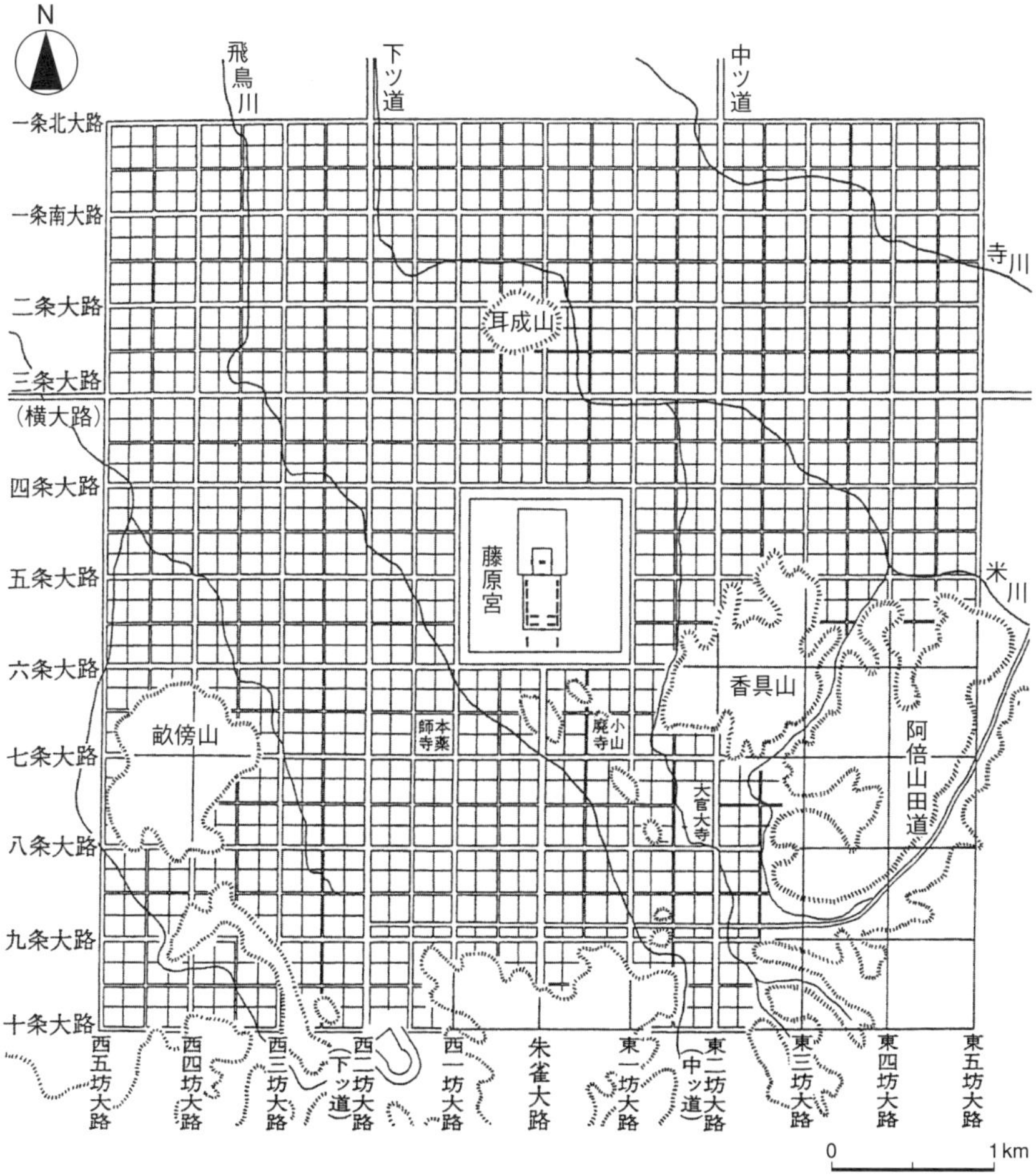

図77 藤原京（復元）と大和三山

背面《そとも》の　大き御門に　よろしなへ　神さび立てり　名ぐはし　吉野の山は　影面《かげとも》の　大き御門ゆ　雲居にそ　遠くありける　高知るや　天《あめ》の御蔭《みかげ》　天知るや　日の御蔭の　水こそば　常にあらめ　御井の清水

（『万葉集』巻第一―五二）

「大和の青香具山」「畝火の瑞山」「耳梨の青菅山」が、東・西・背面の大き御門として、藤原の御井とともに、藤原宮が永遠であることの象徴とされています。和銅元（七〇八）年二月の平城遷都の詔には、平城の地が「四禽図に叶ひ、三山鎮を作す」と讃えられますが、三山を都の鎮めとする考えが、すでに藤原京において観念されていたことは、藤原宮の選地からも明らかではありませんか。

三山とは神仙思想にみえる東海に浮かぶ三仙山、蓬莱《ほうらい》・方丈《ほうじょう》・瀛洲《えいしゅう》を指します。天武天皇が神仙思想に憧憬していたことは、その「天渟中原瀛真人《あめのぬなはらおきのまひと》」という諡号《おくりな》に明らかです。「瀛」は仙山の瀛洲のこと、なにより「真人」は道教の奥義を悟った人をいいます。天武天皇は天香久山・畝傍山・耳成山を三仙山にみたて、その中央に永遠の王宮＝天宮として藤原宮の造営を企図したのでしょう。天香久山・畝傍山・耳成山が「三山」として観念されたのは、天武天皇による新都造営にあったことは間違いありません。

あとがき

わたしにとって、社会人を対象とした講演の場で、試行錯誤を繰り返しながら遺構や遺物が語りかける古代人の心意を探求する過程はこのうえない楽しみで、ある意味スリリングですらある。話を展開するなか、これまで見過ごしてきた事柄や持論の矛盾に気づくことも数多い。

本書は考古資料の分析と読み解きに軸線を置きつつも、〝かたち〟を産み出した往時の人びとの思想や観念を古代学の視点から解き明かそうとするわたしの日々の講演活動を活字化した既発表の拙文をベースに、重複する内容を大幅に整理するとともに、あらたな検討成果をもとに筆を加え、関連する写真や図を再調整して構成したものである。したがって各章の内容と展開が初出段階とは大きく異なる点をお断りしておく。

参考まで、各章の原題及び初出文献を掲げておく。

第一章　祭祀遺跡はなぜそこにあるのか？
原題　『古事記』に読む古代の心―祭祀遺跡はなぜそこにあるか？―」『國學院大學研究開発推進機構紀要』第五号、二〇一三年。
第二章　神話の土壌―水の祭り
原題　「常世・女・井―神話の土壌」『水と祭祀の考古学』（奈良県立橿原考古学研究所附属博物館編）学生社、二〇〇五年。

第三章　ヒサゴと龍―水への思い
原題「ヒサゴのシンボリズムと龍」『倭人がみた龍』（大阪府立弥生文化博物館冬季特別展図録）二〇〇九年。
第四章　他界の王宮
原題「他界はいずこ」『王の墓と奉仕する人びと』（国立歴史民俗博物館編）山川出版社、二〇〇四年。
第五章　埴輪研究の行方
原題「埴輪の構造と機能―「他界の王宮」創造」『埴輪の風景』（東北・関東前方後円墳研究会編）六一書房、二〇〇八年。
第六章　紀氏と葛城氏―王権祭儀の情景
原題「考古学にみる王権祭儀の情景」『きのくに文化財』第四五号、和歌山県文化財研究会、二〇一二年。
第七章　聖樹と王宮
原題「聖樹と王宮」『大美和』第一一一号、大神神社、二〇〇六年。
第八章　大和三山と王宮
原題「聖なる山と王宮の風景」『名勝指定　大和三山』橿原市教育委員会、二〇〇七年。

図43　熊本県教育委員会『熊本県装飾古墳総合調査報告書』1984
図44　辰巳和弘『新古代学の視点』小学館、2006
図45　①：双葉町教育委員会『清戸廹横穴群』1985 ／②：矢吹町教育委員会『七軒横穴群』1983
図47　①：神戸市教育委員会『史跡五色塚古墳 小壺古墳発掘調査・復元整備報告書』2006 ／②花園大学黄金塚２号墳発掘調査団『黄金塚2号墳の研究』1997より作図／③：犬山市教育委員会『史跡青塚古墳調査報告書』2004 ／④：立命館大学文学部『鴫谷東1号墳第2次発掘調査概報』1989 ／⑤：桜井市文化財協会『磐余遺跡群発掘調査概報』1、2002
図48　辰巳和弘『埴輪と絵画の古代学』白水社、1992
図49　桜井市文化財協会『磐余遺跡群発掘調査概報』1、2002より作図
図50　静岡市教育委員会（撮影：著者）
図51　松阪市教育委員会提供
図52　辰巳和弘『他界へ翔る船』新泉社、2011
図53　八尾市教育委員会調査資料（撮影：著者）
図54　藤井寺市教育委員会提供
図55　平林章仁『蘇我氏の実像と葛城氏』白水社、1996
図56　和歌山県教育委員会提供
図57　上：大阪文化財研究所提供（作画：植木 久）／下：森 毅・黒田慶一「16棟になった5世紀代の建物群」『葦火』18号、大阪市文化財協会、1989
図58　奈良県立橿原考古学研究所提供（撮影：阿南辰秀）
図59　左：奈良県立橿原考古学研究所提供／右：同『極楽寺ヒビキ遺跡』2007
図60　①：守山市教育委員会『下長遺跡発掘調査報告書』Ⅷ、2001 ／②：前原市教育委員会『釜塚古墳』2003 ／③：松阪市教育委員会『史跡宝塚古墳』2005 ／④：桜井市文化財協会『磐余遺跡群発掘調査概報』1、2002
図61　撮影：細川惠司
図63　辰巳和弘『聖樹と古代大和の王宮』中央公論新社、2009
図64　左：田原本町教育委員会『唐古・鍵遺跡』Ⅰ、2009 ／右：同『唐古・鍵遺跡 第93次調査現地説明会資料』2003
図65　辰巳和弘『高殿の古代学』白水社、1990
図77　小澤 毅「都城としての藤原京・平城京」『奈良県史』第8巻、1998に加筆

記載のない写真・挿図等の撮影、作成は著者

挿図等出典一覧

図 4　国（文化庁）所蔵（大阪府立近つ飛鳥博物館保管）、公益財団法人大阪文化財センター提供
図 5　設楽博己「狩猟文鏡の絵を読む」『歴博』第61号、1993
図 6　藤田三郎ほか「古代絵画にみるシンボリズム」『考古学による日本歴史』12、雄山閣、1998
図13　島根県教育委員会『三田谷Ⅰ遺跡』Vol.2、2000
図14　島根県教育委員会提供
図15　辰巳和弘『高殿の古代学』白水社、1990に加筆
図17　奈良県立橿原考古学研究所提供に加筆
図18　①：松阪市教育委員会／②：八尾市歴史民俗資料館提供
図19　①：奈良県立橿原考古学研究所『南郷遺跡群』Ⅲ、2003／②：松阪市教育委員会『史跡宝塚古墳』2005／③：八尾市教育委員会『史跡心合寺山古墳発掘調査概要報告書』2001／④：東京府「東京府下の古墳」『東京府史蹟名勝天然記念物調査報告書』1936／⑤・⑥：明日香村教育委員会『酒船石遺跡発掘調査報告書』2006より作図
図21　勝田市史編さん委員会『虎塚壁画古墳』1978より作図
図22　広陵町教育委員会提供（撮影：阿南辰秀）
図23　①：静岡県教育委員会『静岡県の前方後円墳―個別報告編』2001／②：仁多町教育委員会『常楽寺古墳』1985より作図
図24　島根県教育委員会『姫原西遺跡』1999より作図
図25　田原本町教育委員会『唐古・鍵遺跡第32次・33次発掘調査概報』1989 より作図
図26　福岡市教育委員会『有田・小田部』8、1987
図27　大阪文化財センター『河内平野遺跡群の動態』Ⅱ、1991
図28　①：福岡市教育委員会『雀居』9、2003／②：福岡市教育委員会『比恵遺跡群』25、1998より作図
図29　①・③：群馬県『群馬県史蹟名勝天然記念物調査報告』第2輯、1932
②：大神神社提供
図30　①：大阪文化財センター『池上遺跡 第2分冊 土器編』1979／②：森 浩一「大阪府船橋遺跡の弥生式土器絵画」『古代学研究』第45号、1966／③：三重県埋蔵文化財センター『六大A遺跡発掘調査報告』2002／④：山陽新聞社『吉備の考古学的研究 上』1992／⑤：岡山県教育委員会『百間川原尾島遺跡』1、1980
図31　奈良県立橿原考古学研究所提供
図32　大阪市文化財協会『長原遺跡発掘調査報告』Ⅳ、1991より作図
図33・34　大阪府教育委員会・大阪府文化財センター『美園』1985より作図
図35　奈良県立橿原考古学研究所附属博物館提供
図36　坪井清足・町田 章編『日本原始美術大系 6（壁画 石造物）』講談社、1977
図37　熊本県教育委員会『熊本県装飾古墳総合調査報告書』1984
図38　高原町教育委員会『立切地下式横穴墓群』1991に加筆
図39　天理市教育委員会『西殿塚古墳 東殿塚古墳』2000に加筆
図40　①・④：図37に同じ／②・③：小林行雄 編『装飾古墳』平凡社、1964／⑤：藤井寺市教育委員会『石川流域遺跡群発掘調査報告』Ⅸ、1994

著者紹介

辰巳和弘（たつみ・かずひろ）

1946年大阪市生まれ
元同志社大学教授
著　書『他界へ翔る船—「黄泉の国」の考古学』(新泉社、2011年)、『聖樹と古代大和の王宮』(中央公論新社、2009年)、『聖なる水の祀りと古代王権・天白磐座遺跡』(新泉社、2006年)、『新古代学の視点—「かたち」から考える日本の「こころ」』(小学館、2006年)、『古墳の思想—象徴のアルケオロジー—』(白水社、2002年)、『風土記の考古学—古代人の自然観—』(白水社、1999年)、『地域王権の古代学』(白水社、1994年)、『埴輪と絵画の古代学』(白水社、1992年)、『高殿の古代学—豪族の居館と王権祭儀—』(白水社、1990年) ほか。

古代をみる眼—考古学が語る日本文化の深層

2015年 2月 15日　第1版第1刷発行

著　者＝辰巳和弘

発行者＝株式会社　新 泉 社
東京都文京区本郷2－5－12
TEL 03 (3815) 1662 ／ FAX 03 (3815) 1422
印刷・製本／創栄図書印刷

ISBN978-4-7877-1416-9　C1021

新泉社

他界へ翔る船　「黄泉の国」の考古学　辰巳和弘 著
A5判／三五二ページ／三五〇〇円＋税

シリーズ「遺跡を学ぶ」　A5判／九六ページ／各一五〇〇円＋税
003　古墳時代の地域社会復元・三ツ寺Ⅰ遺跡　若狭 徹 著
033　聖なる水の祀りと古代王権・天白磐座遺跡　辰巳和弘 著
044　東山道の峠の祭祀・神坂峠遺跡　市澤英利 著
049　ヤマトの王墓・桜井茶臼山古墳・メスリ山古墳　千賀 久 著
079　葛城の王都・南郷遺跡群　坂 靖・青柳泰介 著